La science de l'éducation

Chapitre 13: L'apprentissage et l'enseignement des langues étrangères

Caleb Gattegno

Traduit de l'anglais
par Clermonde Dominicé

Educational Solutions Worldwide Inc.

Première publication en anglais aux Etats-Unis en 1985. Réimprimé en 1987.
Version française publiée en 2011.

Auteur: Caleb Gattegno
Traduit de l'anglais par Clermonde Dominicé

ISBN 978-0-87825-500-9

Educational Solutions Worldwide Inc.
2nd Floor 99 University Place, New York, NY 10003-4555

www.EducationalSolutions.com

Remerciements pour la version en français

La traduction a été assurée par Clermonde Dominicé, la relecture par Maurice et Christiane Laurent et Michèle Mallebay-Vacqueur, la mise en page par Christiane Laurent.

U.E.P.D. les remercie du temps qu'ils y ont consacré afin que cette dernière contribution de Caleb Gattegno à l'apprentissage et à l'enseignement des langues étrangères soit disponible en français.

Traduction

Clermonde Dominicé est titulaire d'une Licence ès Lettres (Universités de Genève et Madrid) et d'un Master en Sciences Politiques (New York University). Active dans le domaine de l'humanitaire, elle est appelée à beaucoup voyager, et rendue sensible aux problèmes de l'analphabétisme dans le monde. Mise au contact des travaux du Dr Gattegno en la matière, elle accepte la proposition qui lui est faite de composer et produire le programme de "La Lecture en Couleurs" selon le concept initialement développé par l'auteur dans "Words in Color". Ayant rejoint Educational Solutions Inc. à NewYork, un centre de recherche et de formation fondé et dirigé par le Dr Gattegno, elle participe au développement des recherches concernant l'enseignement des langues. Le moment venu, il lui a paru non seulement naturel, mais indispensable, d'ouvrir aux francophones l'univers entièrement nouveau déployé dans ce chapitre 13 de "La Science de l'éducation".

Contenu

Préambule

Chez l'être humain, seule la conscience peut être éduquée. Se pose alors la question : de quelle sorte de conscience (ou succession de prises de conscience) s'agit-il dans le cas de l'apprentissage d'une langue étrangère ?

Pour aborder cette étude, et répondre au défi qu'elle présente, nous devons en premier lieu développer les instruments de recherche adéquats, à commencer par une série de questions :

- Puisque toutes les personnes qui souhaitent apprendre une nouvelle langue en possèdent pour le moins déjà une, y a-t-il dans ce processus d'acquisition d'une deuxième langue des éléments qui dépendent de ceux utilisés dans l'acquisition de la langue maternelle (L1) ?
- Avons-nous une connaissance suffisamment précise de l'acquisition de L1 pour pouvoir répondre à la question ci-dessus ? Ou devons-nous travailler tout d'abord à comprendre le phénomène

de l'acquisition de L1 pour devenir des chercheurs efficaces, capables de mieux appréhender ce que représente l'acquisition d'une deuxième (d'une troisième...) langue (L2) ?

- Ces deux processus d'acquisition ne sont-ils pas, en réalité, fondamentalement différents ? En effet, L1 s'acquiert et s'apprend à l'initiative du sujet (le bébé), elle n'est pas enseignée au sens courant du terme. L2, en revanche, s'acquiert généralement par l'entremise d'un enseignant, qui s'estime souvent très « créateur ». Cette dernière remarque nous incite à organiser notre recherche en deux parties :

  a) tout d'abord, rassembler un maximum de données concernant l'acquisition de la langue maternelle en observant des bébés engagés dans cet apprentissage,

  b) examiner ensuite comment nous pouvons utiliser au mieux les découvertes ainsi faites pour développer des techniques et du matériel d'enseignement menant à l'acquisition de L2, compte tenu de la présence et de l'intervention d'un enseignant.

A vrai dire, ces deux acquisitions ne peuvent guère être considérées comme équivalentes ; en effet, avec la présence et l'intervention de professeurs, avec l'utilisation de matériel d'enseignement, l'élaboration de programmes, de méthodes etc., de nombreuses variables sont introduites. Mais la situation sera plus prometteuse si nous développons, pour l'acquisition de L2, une approche qui soit subordonnée au processus d'apprentissage authentique fourni par quelqu'un qui possède déjà en lui tout ce que représente le travail effectué pour acquérir L1. Pouvoir véritablement développer une telle approche représente un triomphe pour la science de l'éducation qui peut produire les technologies adéquates répondant au processus d' « apprentissage et acquisition » de L2, inspirées de celles développées par ceux qui apprennent leur L1.

Mais clarifions tout d'abord ici la distinction que nous voulons introduire entre « acquérir » et « apprendre » une langue. Au chapitre 3[*], intitulé « Affectivité et apprentissage », nous avons déjà examiné le travail fait par le Moi lorsqu'il rencontre l'inconnu. Nous avons regardé les quatre stades qui caractérisent un apprentissage, lorsqu'il ne s'agit pas seulement d'engager une partie du Moi, mais aussi une fraction de l'énergie contenue dans l'affectivité, afin de pouvoir retenir un impact, inconnu du sujet, mais déjà connu des autres. A cet effort particulier, comparable à un paiement (le prix à payer), nous donnerons un nom – arbitraire bien sûr – et nous appellerons *ogden* précisément cette quantité d'énergie que le Moi mobilise pour assurer la rétention de ce qu'il ne peut ni faire, ni créer par lui-même.

Un acte d'apprentissage authentique se manifeste sous différents aspects, selon la manière dont le Moi s'y prend pour transformer le temps en expérience ; ainsi se produit une objectivation (une part d'énergie coagulée) capable de se maintenir indéfiniment, ou alors s'établit une dynamique qui permet de relier les objectivations entre elles, ou les « énergétise » temporairement,

---

[*] La Science de l'éducation. Vol 1

les plaçant sous la conduite du Moi, ou sous celle d'un impact extérieur, du psychisme ou de l'affectivité de l'apprenti.

Malgré ces différents aspects, il est facile de voir que, dans tout apprentissage, le Moi se trouve tout d'abord confronté à l'inconnu et, de ce fait même, hésite et prend du temps pour tenter de comprendre l'objet qui l'occupe, et il le garde présent à l'esprit tant que dure cet examen. Présent dans le « ici et maintenant », le Moi reçoit de l'énergie et reconnaît certains de ses attributs, ou alors perçoit ce qui lui arrive à son contact. Le stade un est fait de tous ces contacts avec l'inconnu, retenus comme tels par le Moi qui, simultanément, objective une partie de lui-même, sous l'impact des fragments d'énergie qu'il reçoit.

Pour tous ces contacts, le Moi a besoin de temps et il repère en lui-même ce qu'il reste des impacts reçus. Ceux-ci peuvent alors être examinés dans leur réalité, de même que dans l'interaction qui se produit entre eux, objectivant ainsi la réalité intérieure qui maintenant gagne de nombreux attributs, devenant partie intégrante du Moi. Ceci est le stade deux, qui dure aussi longtemps que le Moi est occupé à analyser, à questionner, à tester. Lorsque le contexte est devenu familier, et que l'inconnu (ayant perdu l'attribut d'être inconnu) est devenu connu, c'est alors le stade trois qui se manifeste, et qui est perçu comme l'état de maîtrise.

La maîtrise se reconnaît dans le fait que le Moi est à nouveau prêt à rencontrer l'inconnu. Ce transfert d'apprentissage constitue le stade quatre et s'il clôt le cycle précédent, il prépare également à l'apprentissage suivant. Acquérir L1, c'est passer du stade où l'on ne possède aucune connaissance de la langue à celui où on la possède suffisamment pour pouvoir exprimer ce que l'on veut, de façon à être compris par autrui.

L'acquisition implique de nombreux apprentissages.

Pour comprendre ce que comporte véritablement cette acquisition de L1, il faudra commencer à en étudier les différentes étapes dès la naissance, jusqu'au moment où un enfant peut, de manière satisfaisante, être en contact avec son entourage en exprimant verbalement ses pensées, ses sentiments, sa situation.

L1

Chacun d'entre nous est un système d'énergie équipé de récepteurs qui peuvent renseigner le Moi et lui indiquer si une part d'énergie vient de lui être retirée, ou au contraire ajoutée ; ou alors qu'une dose d'énergie a été, à l'interne, transférée d'un endroit à un autre. Le Moi est doué de conscience, mais aussi de volonté, de diverses sensibilités (constituant sa sensibilité) ; le Moi est une entité vulnérable (c'est-à-dire capable d'agir sur ses propres seuils de tolérance, de permettre ou non à l'énergie de l'atteindre), une entité douée de perception (soit la capacité à reconnaître les multiples attributs des énergies reçues ou déplacées), douée également du pouvoir de rétention, ce qui constituera les différentes sortes de mémoires que nous connaissons tous (mémoires somatiques, automatismes, habitudes, conditionnements, etc.). Le Moi est aussi équipé du pouvoir de discrimination, du pouvoir d'abstraction (simultanément accentuer et ignorer) ; il est intelligent (soit la capacité de trouver, dans son propre psychisme, les moyens nécessaires pour résoudre un problème, qui peuvent être différents de ceux qui se présentent spontanément) ; il est capable de patience, de persévérance, il sait s'engager, toutes qualités nécessaires pour aborder n'importe quel apprentissage et le poursuivre, c'est-à-dire se confronter à l'inconnu.

Observer, et agir sur les observations faites ; remarquer les similitudes et les différences et les accentuer, les unes comme les autres ; être capable de susciter volontairement les mêmes altérations de n'importe quelle partie du système, en repérant très exactement où, dans le soma, l'énergie libérée ou mobilisée est quantitativement unifiée, mais sollicitée à différents moments ; toutes ces choses sont requises par le Moi, pour exécuter avec minutie les plus petites des tâches qui ensemble vont former les très nombreux mouvements qui constituent les quatre stades de tout apprentissage, que l'on retrouve donc en nombre d'occasions dans l'acquisition de L1.

Les humains sont capables de faire appel délibérément à chacune des capacités énoncées ci-dessus. De ce fait, ils peuvent donc accomplir avec succès les tâches non seulement nombreuses mais surtout si complexes et subtiles nécessaires pour parvenir à acquérir le langage parlé par l'entourage. Mais à quoi attribuer ce succès, sinon reconnaître qu'ils font exactement « *ce qu'il faut* » ? Dès lors ne devons-nous pas examiner tout cela de plus près, tout d'abord pour arriver à comprendre, du moins partiellement, ce que tous les bébés font pour acquérir leur langue maternelle ; mais aussi pour mieux savoir comment nous y prendre pour aider les « non-bébés » à acquérir une deuxième langue ?

Dans notre ouvrage « *L'Univers des bébés* », nous avons déjà esquissé une approche qui permette de mieux comprendre cet accomplissement si répandu, réussi par tous les bébés dans le monde. Cette esquisse peut être rappelée ici et précisée à certains égards. Il s'agit tout d'abord de poser la question : que peut faire un bébé par lui-même, au contact de l'énergie contenue dans le soma ainsi que de la dynamique contenue dans les divers organes ? Puis nous devons aussi établir une distinction entre deux activités : celle que d'une part nous avons appelée « le pré-parler » (talking), pleinement existante en chaque bébé, et qui doit précéder la seconde, appelée « parler ».

Ceci permet d'établir un contact entre « un bébé pré-parlant » et son entourage. Il s'agit là d'un champ verbal dans lequel certains modes d'utilisation de l'énergie sont sélectionnés de manière constante pour parvenir à des conventions communes, permettant à chacun de les utiliser à sa guise, mais les rendant de la même manière accessibles aux autres, sans altération.

Regardons tout d'abord quel est vraiment ce "pré-parler".

Le pré-parler (Talking)

Mettons-nous d'emblée d'accord : dans notre texte, ce terme sera utilisé pour décrire ce que tout bébé fait en termes de production sonore, ainsi que tout ce qu'il peut faire entièrement par lui-même, et pour lequel il n'a besoin d'aucune aide extérieure. Tout ce pour quoi il doit accepter pleine responsabilité vis-à-vis de lui-même.

L'idée selon laquelle les bébés sont dans l'incapacité de fonctionner ne doit pas s'étendre aux domaines auxquels ils sont seuls à avoir accès, et dans lesquels ils peuvent prendre consciemment toute initiative nécessaire.

L'idée communément répandue selon laquelle l'expression verbale est faite de mots doit être remplacée par une autre manière de voir, qui nous permette de capter et de décrire avec justesse le phénomène que nous examinons. Et, pour cela, l'outil le plus utile sera d'observer comment l'énergie se distribue dans le temps, quel est le rapport énergie/temps. En fait, chacun sait que « au commencement, il n'y a pas de mots », et que ce commencement dure un certain nombre de mois pour chacun d'entre nous, en général au moins dix mois.

L'idée selon laquelle les bébés entendent tout d'abord des mots et cherchent ensuite à les reproduire est totalement erronée. La capacité à entendre doit être éduquée avant de pouvoir s'appliquer à des mots, et chaque bébé effectue ce travail d'auto-éducation, personne d'autre ne le fait pour lui, pour la bonne raison que personne ne saurait comment s'y prendre.

Une remarque importante s'impose d'emblée : *notre système phonatoire est un système volontaire, tandis que notre ouïe ne l'est pas.*

Autre fait important à relever également dès le début : dans les différentes langues que nous utilisons (et selon les mots choisis par nos ancêtres pour exprimer la conscience qu'ils avaient d'eux-mêmes), il ressort que « regarder » et « écouter » sont des fonctions qui relèvent du Moi, alors que « voir » et « entendre » sont des fonctions qui nous permettent de capter des données extérieures et de les retenir à l'intérieur. Les deux premières sont délibérées, les deux autres relatives et non obligées. Pour s'en persuader, il suffit d'observer comment nous percevons la beauté visuelle et entendons l'harmonie. On peut donc nous enseigner à voir et à entendre, mais pas à regarder ou à écouter ; cela, nous devons le faire par un mouvement de notre volonté.

Chacun de nous, dans le champ non-verbal très intime de la conscience, s'en est déjà convaincu dès que ses nerfs sensoriels ont été myélinisés, trois ou quatre semaines après la naissance.

Avant de quitter ces généralités et de nous concentrer sur le « pré-parler », demandons à nos lecteurs d'exercer à tout moment leur intelligence critique dans cette étude détaillée que nous entreprenons : nous voulons comprendre comment les bébés travaillent, et comment ils utilisent leurs pouvoirs, mentaux et autres. En effet, nous négligeons l'importance de ces pouvoirs, nous pensons même qu'ils nous sont dûs, et les considérons comme banals puisque tout le monde les possède. Or, c'est précisément grâce à ces pouvoirs que nous parvenons facilement, et sans effort particulier, à développer des comportements communément acceptés, et dignes d'attention.

Dans mon berceau, on me laissait tranquille aussi longtemps que je n'appelais pas à l'aide. Personne n'avait de raison de se demander ce que je pouvais bien être en train de faire de mon temps quand j'étais calme et satisfait, au sec et confortable.

Et pourtant, j'avais tout mon temps pour moi. Je pouvais ouvrir mes yeux et les faire rouler. Je pouvais observer ma respiration et jouer avec le flot d'air que les muscles volontaires de ma poitrine me permettaient de faire varier. Je pouvais être présent dans n'importe lequel de mes muscles volontaires, et étudier les variations du tonus musculaire qui les maintient en état de fonctionner ; je pouvais ainsi me concentrer et percevoir les similitudes et les différences. Par exemple, le fait que je puisse, à mon gré, fermer ou ouvrir les yeux ; que je puisse maintenir ma tête droite, que je puisse la tourner, etc., etc.

Ce que personne ne peut voir de l'extérieur, c'est que je retiens chacun de ces mouvements de ma conscience. Ceci augmente l'expérience que j'ai de moi-même, puisqu'ainsi je perçois ce qui est nouveau et y intègre les connaissances déjà acquises. Ce qui ne se voit pas non plus de l'extérieur, c'est qu'il y a tant à faire, et donc que j'ai besoin de beaucoup de temps, utilisant en permanence mon pouvoir d'apprendre. Le temps que je passais en état d'éveil était requis pour établir une relation avec le non-moi, alors que mon temps de sommeil me remettait en contact avec mon Moi, de sorte que je pouvais « trier » les impacts reçus pendant la journée et y intégrer ce qui était déjà là. On ne voit donc pas que, pendant mon sommeil, je suis en train de croître, alors que mon temps éveillé me permet de tester, d'expérimenter. Ainsi donc j'ai appris à gérer aussi bien les déplacements intérieurs d'énergie que les impacts qu'elle crée, et j'ai aussi appris à distinguer entre les deux.

Pour comprendre le « pré-parler », il n'est pas nécessaire que nous soyons en contact avec toutes les activités auxquelles se livrent les bébés pendant la longue période de la petite enfance. Il suffit, à ce stade, que nous reconnaissions que différents apprentissages s'effectuent tant pendant le sommeil que pendant l'état éveillé, au niveau préverbal.

L'acquisition de L1 se base sur des apprentissages qui proviennent non de l'environnement extérieur, mais du Moi au travail. Tant que ceci n'est pas clairement reconnu, tout autre effort de recherche n'apportera quasiment aucune connaissance nouvelle et sera même une perte de temps. Les chercheurs qui s'intéressent à l'acquisition de L1 doivent, eux-mêmes, apprendre à travailler avec les énergies intérieures et leur dynamique. Avant de pouvoir aborder le « parler » (speaking), nous devons tout d'abord maîtriser les processus accompagnant les prises de conscience relatives à la manière dont l'énergie se répartit dans le temps, tout comme nous l'avons fait quand nous étions bébés.

L'énergie est la réalité ultime dans le cosmos, qui nous inclut.

Les variations d'énergie rendent possible la *conscience du temps*. Ce phénomène, à son tour, fournit un réceptacle, une base à partir de laquelle un sens peut être donné aux hiérarchies temporelles qui régissent les utilisations qui sont faites de l'énergie, usages qui correspondent à nos propres expériences en matière d'énergie. Alors si je puis, pratiquement dès le début, prendre conscience du tonus musculaire de mes lèvres et des multiples manières dont je puis le faire délibérément varier, en revanche je dois attendre jusqu'à ce que mes dents aient percé mes gencives avant de pouvoir étudier l'impact qu'elles ont sur l'air que j'expire. Si je suis capable de produire un effet sur mes cordes vocales et d'observer comment leur état (selon les variantes de leur tonus musculaire) produit un effet sur l'air que j'émets, j'aurai besoin de l'instrument que représente cette prise de conscience avant de pouvoir utiliser cette connaissance et, en même temps, voir ce qui se passe si j'exerce simultanément un impact sur mes lèvres. Mon Moi élabore des instruments, des outils d'investigation, puis il regarde comment, en les réunissant, quelque chose de plus, ou quelque chose de différent pourrait être réalisé. Ceci en analogie avec le cosmos, qui produit tout d'abord l'hydrogène et l'oxygène et les combine ensuite pour faire de l'eau. Le produit final est une des résultantes possibles provenant de l'existence des éléments initiaux mais ne les remplace pas ; tous peuvent co-exister, indépendamment, malgré la hiérarchie temporelle qui fait voir quels éléments étaient là en premier, rendant possible l'existence des suivants.

Les bébés font tout ce travail délibérément et en connaissance de cause ; ainsi nous comprenons pourquoi la période de la toute petite enfance est nécessaire, pourquoi nous sommes petits et travaillons à des choses qui ne servent qu'à nous-mêmes. Tout le travail d'élaboration que nous faisons se passe à l'intérieur, et absorbe tout notre temps.

Sans l'utilisation de la conscience comme outil, nous ne pouvons donner sens à tous ces défis. Et comme nous l'avons dit antérieurement, apprendre et vivre sont équivalents ; apprendre, c'est *utiliser notre temps (qui est notre capital) pour nous procurer de l'expérience.* Expérience qui dès lors demeure en nous sous forme d'objectivations, ou de « savoir-faire », qui sont dynamiques. Tout ceci relève clairement du monde de l'énergie. Et nous-mêmes, en tant que systèmes d'énergie, nous n'avons pas de peine à expliquer notre propre croissance comme étant un libre-échange, un mouvement par lequel l'énergie est ajoutée ou retirée des ressources trouvées dans l'univers qui nous entoure.

* * *

Dans l'ordonnance des hiérarchies temporelles, nous devons placer en premier la connaissance que le Moi a de son système de production de sons. Pourquoi ? Car :

- il est accessible

- il est perméable, réceptif aux ordres que peut lui donner la volonté, sous forme de variations dans le tonus musculaire, et puis

- nous pouvons devenir conscients des conséquences ainsi encourues.

Pour respirer, c'est à travers le larynx que nous envoyons de l'air. Pour pleurer, nous employons aussi ce même système. Chaque bébé peut apprendre à moduler sa façon de pleurer, la prolonger, l'arrêter. Ainsi dès le début, nous sommes consciemment présents dans notre gorge, nous « l'habitons » en quelque sorte, et nous la contrôlons, comme nous pouvons contrôler les flots d'air que nous y faisons passer. Nous apprenons rapidement à pleurer bruyamment ou doucement, découvrant les mécanismes précis que nous maîtrisons désormais et pouvons utiliser à bien d'autres fins.

En ceci, la chose importante c'est de reconnaître aux bébés qu'ils sont pleinement et consciemment présents dans tous les organes qui composent le système phonatoire ; une présence nécessaire pour engager chaque partie de ce système à former des entités spécifiques et bien définies, qui s'intègrent dans ces parties. Par exemple, agir simultanément sur sa langue et sur son larynx, observer ensuite ce que chacun apporte aux productions (sonores) qui relèvent de l'emploi de ces deux organes séparément ou dans diverses combinaisons intermédiaires. Quand à cela vient s'ajouter le travail des lèvres, quand les parois que forment les joues, le palais et plus tard les dents, entrent en jeu, alors on voit bien qu'un vaste spectre de productions sonores est à la disposition de chaque enfant qui peut ensuite s'amuser à opérer des variations. Toutes ces combinaisons sont produites « gratuitement » (sans investissement particulier), par le Moi, principalement dans le but de se familiariser avec un système somatique formé *in utero*, mais dont les possibilités et les performances ne peuvent être connues et testées que *ex-utero*. Faire passer de l'air – en variant les conditions – à travers ces organes est une manière, pour le Moi, de poursuivre cette étude et d'acquérir en fin de compte une connaissance approfondie du système.

Un très jeune enfant, qui n'aurait pas encore dix semaines, passe un nombre incalculable d'heures à s'assurer que l'apprentissage a bien eu lieu, c'est-à-dire qu'une certaine maîtrise a été obtenue qui, à son tour, permettra de nouvelles conquêtes, autres que la production de sons. Les voyelles sont produites en premier. Mais pour chacune d'entre elles, un bébé doit découvrir de manière très précise quelle quantité d'énergie il faut injecter (ou simplement ajouter) dans les muscles concernés afin de les reproduire avec exactitude ; ainsi se fait en outre la prise de conscience de « même ». Une fois ce palier atteint, un bébé peut alors agir sur la durée du son qu'il produit et observer les effets somatiques de cette production, qu'elle soit raccourcie ou prolongée, qu'elle soit continue ou staccato. Une alternative, ouverte à tout un chacun, est de produire un autre son, différent, et de le reconnaître comme tel du fait que la quantité d'énergie requise pour modifier le tonus musculaire dans les différents muscles concernés est variable. Dès que deux sons sont, de l'intérieur, reconnus pour ce qu'ils sont, et par conséquent perçus comme différents, nombre d'exercices deviennent possibles, comme par exemple la production de séquences de deux sons, entremêlés de diverses manières. Cette « algèbre », présente dans cet exercice, est reconnue et mène à la prise de conscience selon laquelle dire *a i*, ce n'est pas la même chose que dire *i a*, et que *a a i* et *i a a* ne sont pas pareils, mais que *i a i* est unique, et demeure pareil quand on le « renverse ».

Produire des voyelles, explorer les combinaisons et les permutations possibles, tout ceci peut se faire sans effort ni investissement particulier. Et remarquons bien que tout enfant peut, de par lui-même, apprendre cela sans consulter personne.

Une prise de conscience spécifique est bien sûr nécessaire à un enfant pour qu'il puisse entendre ce qu'il dit lui-même, et reconnaître cette production sonore comme étant la sienne. C'est facile, grâce au fait que l'énergie émise dans un son peut avoir un impact sur les tympans. On fait donc cela très tôt dans la vie. Mais, de par sa nature, cette prise de conscience est très différente de celle provenant de l'émission d'un son. En effet, seule une fraction de l'énergie contenue dans un son émis atteint les oreilles. Les attributs de chaque émission doivent être gardés en tête afin de pouvoir être reconnus. Pour y parvenir, un bébé commence par reproduire un même son un certain nombre de fois, le faisant varier à l'aide de propriétés telles que la durée, la permutation ; il peut en conclure, alors, en toute certitude, que ce qu'il entend est bien sa propre production.

Pour que la faculté d'entendre puisse être éduquée, il faut que le Moi soit présent aussi bien dans la gorge que dans l'oreille et qu'il donne ainsi au son émis une forme auditive, jusqu'à ce que la simple évocation d'un ou de plusieurs sons provoque l'évocation de l'émission sonore correspondante. À partir de là, le Moi peut utiliser l'audition comme un système de contrôle de ses propres émissions ; il peut donner à sa capacité d'entendre tous les savoir-faire acquis antérieurement, comme par exemple l'utilisation de la volonté sur le système des muscles volontaires de la bouche ; il s'agit en fait d'un transfert de conscience.

Bien sûr, cette éducation continuera à se faire et sera même disponible pendant toute la vie (en particulier lors de l'acquisition d'une langue supplémentaire, L2). Il n'en demeure pas moins que la connaissance directe, à travers la conscience, des variations du tonus musculaire ne peut être remplacée par la présence consciente dans l'ouïe, qui n'est qu'une connaissance indirecte, au deuxième degré.

Outre les tympans, c'est toute la structure osseuse de la tête qui est aussi affectée par l'énergie contenue dans les émissions sonores, et un bébé en est conscient. Alors, pour atteindre l'audition à l'état pur, un mouvement interne d'abstraction est nécessaire. La grande majorité des jeunes enfants sont incapables de reconnaître leur propre voix quand elle a été enregistrée, tout simplement parce que les harmoniques produites par écho dans les "chambres" du crâne ne sont pas perceptibles sur la bande enregistrée. Alors que nous sommes tous capables, à tout moment, de reconnaître la voix des autres, nous ne pouvons pas reconnaître la nôtre sans travailler au préalable sur cette nouvelle demande, et compléter mentalement ce que nous entendons réellement. Notre conscience, présente dans la gorge, nous fait percevoir une voix différente de celle que nous transmet l'oreille. Ainsi ressort la très grande différence qu'il y a entre la connaissance orale d'une langue et la capacité à l'émettre.

Les mélodies (phrases musicales) ne sont-elles pas, elles aussi, une énergie qui se distribue dans le temps ? Le fait qu'elles atteignent en premier lieu notre ouïe avant que nous ne puissions tenter de les reproduire oralement pourrait suggérer des connexions d'un autre ordre. Mais ceci nous aide, en réalité, à comprendre les liens qu'il y a entre émettre et entendre, et entre entendre et émettre. Lorsqu'il émet quelque chose, le Moi fait deux choses : il est en contact avec l'intention qui est la sienne, avec son projet; mais il est aussi en contact avec les instructions adéquates à donner aux muscles concernés pour que la production soit conforme au projet. En revanche, lorsqu'il est engagé à entendre, le Moi doit s'abandonner au flot des énergies qui lui parviennent, dans leurs différentes variations, les laissant ainsi atteindre l'oreille et devenir conscientes, comme autant d'objectivations, ou comme parcelles de temps-énergie. Une mélodie que l'on écoute réellement (c'est-à-dire en étant consciemment présent au niveau de l'oreille, pour laisser pénétrer l'énergie) façonne en quelque sorte la durée de son émission, et peut ainsi être retenue puisque ceci affecte la substance même de notre système énergétique, dont notre cerveau fait partie. C'est de l'énergie qui affecte l'énergie. Il n'y a rien à mémoriser, mais tout à retenir.

Pas besoin de s'assurer qu'on peut s'en souvenir, mais on dirait plutôt que notre substance même en est pénétrée, en reconnaît l'impact en tant que tel, et peut se souvenir de cette adjonction d'énergie. S'il y a quelque chose dont il faille se souvenir, ce seraient les circonstances dans lesquelles s'est produit cet apport. Pour le reste, elle est dès lors reconnue comme propriété de l'individu, reçue de l'extérieur et conservée, mais non créée par lui ; cette addition d'énergie est désormais intégrée, c'est-à-dire qu'elle fait partie de l'individu ; mais elle peut aussi être détachée et considérée séparément par le Moi. La conscience peut ainsi travailler sur elle-même et connaître son propre fonctionnement aussi bien que ses oeuvres. Elle peut, plus particulièrement, remarquer la nature des sons produits et des sons entendus et attribuer les premiers à l'individu lui-même ou aux autres et les seconds aux autres ou à l'individu. Quant aux détails, eux-mêmes des parcelles d'énergie distribuées dans le temps, ils peuvent être évoqués, c'est-à-dire rappelés à la conscience, tels une ligne de démarcation d'avec l'énergie initialement reçue, et peuvent donc être « re-vécus », soit effectivement dans le temps réel, soit virtuellement dans un temps compacté. Deux ou trois notes d'une mélodie, enchaînées dans une séquence temporelle, suffisent à évoquer toute la mélodie, même si elle n'est pas produite dans le temps réel. Le rapport du Moi aux sons reçus est de la même nature, que les sons aient été émis par l'individu ou par les autres. Un effort de rétention n'est pas escompté, il n'est pas nécessaire non plus.

Dans ses productions sonores, un bébé sait quelles sont les énergies additionnelles conférées aux sons par l'accentuation ou l'intonation ; il saura donc mélanger ou séparer ces composantes, contenues dans un « paquet sonore » que ses oreilles reçoivent et qui provient soit de lui-même, soit des autres. Pour valider ces prises de conscience et s'assurer que certaines énergies peuvent être reconnues à titre de sons, d'accentuations ou alors de silences, ou d'intonations, des exercices sont effectués. Le bébé se donne ainsi l'expérience nécessaire pour parvenir à établir une relation intime et immédiate avec les flots de sons produits tout d'abord par lui-même, puis par les autres.

Une oreille bien formée, bien éduquée, est nécessaire pour pouvoir s'engager sérieusement dans l'étude des attributs relatifs aux sons que nous percevons, et les bébés y travaillent par eux-mêmes, en étroit contact avec les défis que cela représente, car de toutes façons personne d'autre ne peut les aider. Ainsi donc, ils se donnent non seulement les instruments nécessaires, mais aussi la vulnérabilité qui les rendra particulièrement sensibles aux subtiles et très menues altérations de l'énergie dans la durée, qui peut varier en longueur, tantôt longue, tantôt courte.

Tout cela n'est, bien sûr, pas visible de l'extérieur. Mais après nous être posé les questions ci-dessous, nous pourrons sans doute en accepter la réalité objective :

- comment pourrais-je, sinon, effectuer l'une ou l'autre de ces tâches ?
- qui pourrait aider un bébé à le faire ?
- comment pourrions-nous autrement expliquer que, lorsque les choses deviennent tangibles et observables, ils soient déjà présents ?

Le simple fait qu'au commencement il n'y a pas de mots, et que les gènes ne peuvent être rendus responsables de ce délai de plusieurs mois avant que les bébés ne découvrent la parole comme composante de leur environnement – et prennent un certain nombre de mois pour apprendre à parler – ce simple fait nous force à chercher des mécanismes plus profondément ancrés dans l'esprit, et aussi certaines formes d'expérience qui ressemblent au résultat final : un flot de mots volontairement exprimé, véhiculé par ma voix, caractérisée par un certain nombre d'attributs qui sont individuels et idiosyncratiques et d'autres qui sont collectifs et communs à tous.

Les premiers sont reconnus grâce à tout le travail effectué par les bébés dans le cadre de ce que nous avons appelé le pré-parler, auquel nous devons ajouter les mélodies des langues parlées dans l'entourage des bébés qui, comme les mélodies musicales, sont de l'énergie distribuée dans le temps, accessible à chaque enfant individuellement, mais transmise par un groupe.

Quant aux seconds nous trouvons, dans la réalité du langage spécifique parlé dans un environnement donné, des attributs directement accessibles parce qu'ils sont de l'énergie – les sons, les accentuations et la mélodie en sont trois exemples – et d'autres attributs qui sont arbitraires et ne peuvent être connus de manière directe. Pour ceux-ci, il faudra avoir recours à des fonctionnements particuliers de l'imagination et de l'intelligence, comme nous le verrons en examinant la question du « parler », qui révèle de nouvelles compétences des bébés, ignorées pendant trop longtemps par ceux qui étudient la petite enfance et, en particulier, par ceux qui s'intéressent à l'acquisition de la première langue.

Souvent, et peut-être très souvent ou même toujours (un fait difficile à établir), un enfant qui a terminé les apprentissages inclus dans « pré-parler » invente son propre langage, qui possède tous les attributs énergétiques d'une langue qui se trouverait dans son entourage, excepté le fait qu'aucune des unités sonores prononcées ne correspond à un mot de la langue parlée autour de lui. Un enfant ne peut donc acquérir le parler par lui-même. Tout ce qu'il pouvait inventer et produire, il l'a fait ; mais le choix arbitraire qu'il a fait pour son langage personnel ne couvre pas les choix de mots faits dans le passé par ses ancêtres, mots qu'ils avaient des raisons de choisir et de maintenir dans la langue, pendant des générations. Ces enfants (et ils sont vraisemblablement très nombreux) pourraient nous éclairer sur l'origine et l'évolution des langues parlées ; néanmoins ils se voient dans l'obligation d'abandonner leur construction verbale artistique et doivent user de toutes leurs capacités pour acquérir la langue de leur entourage. Il n'a pas encore été clairement déterminé si l'abandon de cette première langue, pleinement établie, est une aide ou un obstacle. De toute évidence, pour ces enfants-là, L1 devrait s'appeler L2...

En résumé : le pré-parler est une des parties de l'acquisition de L1, celle pendant laquelle chaque enfant se spécialise dans un certain nombre d'apprentissages qui lui fourniront une grande quantité de critères intérieurs. Ces critères lui donneront l'assurance qu'il entend ce qu'il peut énoncer et rendront possible un contact intime et immédiat avec les divers contenus énergétiques de ce qu'il entend. Ceci s'explique par le fait que les apprentissages ont été effectués délibérément, par effet de la volonté, et s'appliquent à un système volontaire situé dans la gorge et dans la bouche, atteignable de l'intérieur et guidé par une conscience vigilante, travaillant sur les variations d'énergie qui se constituent aussi en un système. Ceci est normal et adéquat. Les sourds n'y ont pas accès et n'établissent rien de ce genre, bien qu'ils soient capables de faire beaucoup de choses (qui ressemblent au pré-parler) lorsque pré-parler ne requiert pas qu'on puisse entendre.

Du pré-parler au parler

Du fait que les bébés sont élevés dans un environnement parlant, et puisqu'ils se retrouvent toujours à parler la même langue que les gens autour d'eux, on s'est généralement accordé à penser que les bébés apprennent par imitation.

Nous n'allons pas passer beaucoup de temps sur cette approche, guère utile. Dans les pages précédentes, nous avons relaté comment nous comprenons ce grand défi que représente l'apprentissage de la langue. Les lecteurs vont donc approcher différemment ce défi.

Ce qui est nouveau dans « parler », c'est que les enfants sont confrontés à l'arbitraire, celui qui caractérise le répertoire de la langue environnante. Grâce à l'expérience et à la sagesse déjà acquises, ils savent que l'existence réelle des paroles ne réside que dans l'énergie des sons qui les composent, et dans les accents, les phrasés et la mélodie perceptibles quand les mots ont plusieurs syllabes, quand on les enchaîne ou quand on les utilise à la suite les uns des autres, en séquences. Les mots n'ont pas de signification en eux-mêmes – comme chacun peut s'en persuader en écoutant quelqu'un parler une langue inconnue – les bébés recherchent alors ce qui pour eux a un sens, et ils découvrent que l'intonation à elle seule peut contenir des informations sur la personne qui parle, sur ses émotions. L'intonation n'est pas en elle-même une composante d'ordre linguistique, mais bien un élément humain (provenant du locuteur) qui transmet à celui qui écoute une information directe. Ces informations seront plus tard organisées intellectuellement pour former des catégories telles que : tristesse, irritation, joie, satisfaction, doute, émerveillement, etc.

Il faut un pont entre « pré-parler » et « parler », et pour le trouver, nous devons retourner aux bébés dans leurs berceaux, occupés à produire des sons. Dans ce domaine, ils sont consciemment engagés à découvrir comment produire des syllabes qui contiennent les voyelles qu'ils connaissent déjà et les consonnes (sonner-avec) correspondant à la configuration de leur bouche ; toutes ces consonnes (à l'exception des sifflantes) ne peuvent être prononcées que si elles sont accompagnées d'une voyelle, que celle-ci précède ou suive la consonne. Alors un beau jour, lorsqu'un bébé prononce une syllabe telle que *ma, pa,* ou autre, syllabe qui, répétée, semble être un mot du langage environnant (tel que *papa*, ou *mama*...) et si quelqu'un d'autre que lui-même l'entend, on peut bien comprendre que cette personne appelle alors les parents du bébé et leur dise : votre enfant vous appelle. Alors que l'environnement monte en épingle ce qui n'est en fait qu'une coïncidence, le bébé peut, lui, observer quelque chose de nouveau : à savoir qu'il peut entendre, produites par d'autres, des combinaisons sonores qu'il sait déjà produire lui-même. Il peut alors concentrer son attention à les détecter, les capter dans les chaînes de mots produites par son entourage.

Ceci constitue certainement un pont important.

Dès lors, le bébé a une bonne raison pour écouter les flots de mots énoncés par d'autres et les explorer ; si, en revanche, il est laissé à lui-même, il poursuit ses propres projets, sans se préoccuper de ce que les autres sont en train de faire. Du fait que ses parents sont prêts à faire écho à sa production – et chaque jour davantage – il découvre, comme une réalité nouvelle, qu'eux aussi sont capables de produire des sons compréhensibles, qui pour lui ont un sens, en termes d'énergie.

Une autre vraie découverte à portée de main, c'est de voir que dans ce monde des sons, il y a des *constantes*. Il peut les trouver en lui-même, lorsqu'il produit les mêmes sons, ou utilise les mêmes « algèbres » telles qu'exemplifiées dans les quatre opérations de base :

- Substitution : substituer un son à un autre
- Addition : ajouter un son à l'une ou l'autre extrémité, ou aux deux extrémités d'une séquence sonore
- Renversement : renverser l'ordre des sons d'une séquence sonore
- Insertion : insérer un son dans une chaîne d'autres sons.

Mais il découvre aussi que la voix des autres, indépendamment des caractéristiques telles que tonalité, timbre, intensité (qui relèvent du monde de l'énergie), véhicule quelque chose qui deviendra une réalité au fur et à mesure que l'enfant utilise un pouvoir dont il dispose déjà, *le pouvoir d'abstraction*, et qu'il a déjà utilisé au cours de tant d'apprentissages.

L'abstraction (ou la faculté de pouvoir simultanément accentuer et ignorer les composantes perceptibles d'une situation donnée) est certainement nécessaire pour identifier la petite parcelle d'énergie qui, extraite de la quantité d'énergie globale contenue dans un mot parlé, représente les composantes individuelles des mots, comme aussi des voyelles accentuées, s'il y en a.

Dès lors, les bébés passent du temps à extraire les mots de leur support vocal et, quand ils identifient des sons qu'ils sont eux-mêmes capables de produire, ils les retiennent en une catégorie : éléments « communs à eux et à moi ». Le temps investi dans cette activité va constituer un pont solide ; c'est aussi une tête de pont vers la conquête du « parler ».

Toutes les remarques ci-dessus ne sont, bien sûr, qu'un début dans l'étude détaillée que nous voulons faire : comment chacun d'entre nous s'y prend-il pour passer de la connaissance de soi (et des développements intérieurs), à la compréhension de ce que les autres font dans le domaine du langage, ce processus qui a une histoire et a évolué collectivement à travers des générations. Mais ce début est prometteur et nous a permis d'ouvrir une voie intelligible dans un univers où il est impossible de pénétrer à l'aide de concepts et d'instruments relevant seulement de la linguistique.

* * *

Nous devons maintenant examiner quelles sont les approches ouvertes aux bébés pour conquérir le « parler », celui de la langue parlée dans leur entourage.

Parler

Il y a au départ, ici aussi, un Moi capable de prises de conscience. Mais ce Moi a déjà à disposition tout l' « arsenal » acquis au cours du « pré-parler ». Le nouveau défi, c'est d'acquérir pour soi-même les critères qui vont permettre de maîtriser le côté arbitraire de tout vocabulaire. L'un de ces critères, c'est *la constance*. Celle-ci nous apporte deux choses. Premièrement, c'est une base solide pour donner aux mots une réalité, au-delà de leur existence en termes d'énergie. Deuxièmement, au contact de cette réalité, l'intelligence se mobilise pour clarifier les problèmes verbaux qui se posent à tout moment. A travers les études linguistiques faites au cours de ces derniers siècles, nous savons que les grammairiens ont classifié les mots et établi des catégories dont on nous parle à l'école. De ce fait, nous avons déjà des *critères intellectuels* qui nous permettent de distinguer les noms des prépositions, des verbes, etc. Mais les bébés ne disposent pas de ces définitions verbales. Ce qu'ils ont, ce sont leurs perceptions, leur sensibilité, leur faculté de rétention ; ils peuvent réfléchir aux questions de compatibilité ou d'exclusion mutuelle ; ils peuvent aussi observer ce qui se produit en eux et ce qui vient de l'extérieur. Ils ont encore quelques autres pouvoirs, que cette étude va nous révéler.

En tant que sons, tous les mots se valent ; et nous avons vu comment le pouvoir d'abstraction permet de les extraire du véhicule que sont les voix. Cette capacité à extraire des mots deviendra une seconde nature dès qu'un temps de pratique, jugé suffisant par l'enfant (pour maîtriser ce traitement de l'énergie) lui aura été consacré.

Le travail consistant à transférer, pour chaque mot, cette analyse qui mène de l'oreille à la gorge va aussi prendre du temps ; la présence du Moi dans l'oreille est utilisée pour retenir le mot extrait, puis sa présence dans le système phonatoire permet d'ajouter les modulations spécifiques que le bébé découvre dans sa propre voix. Il faut en plus se montrer vigilant pour s'assurer que les séquences sonores émises sont acceptables par ceux qui ont produit les sons entendus. Dans cette complexe multi-présence du Moi se trouve la clé, le secret du succès rencontré par les bébés lorsqu'ils apprennent à parler.

En effet, se contenter d'une séquence linéaire – une chose à la fois – ne peut en aucune manière permettre de résoudre les problèmes qui se posent. Lorsque, en tant que chercheurs, nous constatons que les multiples présences du Moi se manifestent chaque fois qu'elles s'avèrent nécessaires, alors nous comprenons mieux pourquoi les bébés ne désespèrent pas devant les défis énormes qu'ils rencontrent et n'abandonnent pas la tâche ; au contraire ils sont calmes et font, sans effort, tout ce qui doit être fait.

La constance avec laquelle apparaissent des sons comme « viens », « va », « prends », « tiens », etc. dans des situations complexes, qui se répètent et sont perçues dans leur spécificité, va moduler la réalité environnante et suggérer que, lorsque ces sons sont émis, ils provoquent l'évocation partielle de la situation perçue. A chacun de ces inputs va être associé, dans l'esprit de l'enfant, un ensemble complexe de mouvements intérieurs qui seront objectivés avec une assurance grandissante au fur et à mesure des succès rencontrés. Du fait que le langage est récurrent, il y aura de nombreuses occasions pour renouveler une expérience ou confirmer une intuition qui deviendront un critère utile dans l'utilisation d'un mot à l'étude. C'est l'ensemble des évocations ainsi associées qui justifiera la rétention, et aussi la sauvegarde d'un mot, tel un condensé de significations. Ce qui, en apparence, semble être une simple répétition, est de fait une étude très complexe d'une réalité fugace et évanescente, formée de nombreux éléments. Des critères sont constamment établis et sont utilisables aussitôt que l'examen des variables concernées démontre que ce qu'il y avait à comprendre est désormais compris.

Bien évidemment, la masse des mots devant être extraits et examinés constituerait un obstacle insurmontable si le bébé – autodidacte – n'avait à sa disposition un certain nombre de stratégies et de tactiques bien définies. Déjà incorporés dans les mots, par décision de ceux qui ont élaboré telle ou telle langue, se trouvent des principes d'économie et des critères récurrents. Certains de ces principes sont de nature algébrique et ont été décrits dans les pages sur le « pré-parler » et le passage vers le « parler » ; d'autres sont des altérations spécifiques qui, tels les suffixes ou les préfixes, indiquent toujours des modifications particulières dans une situation donnée. La constance avec laquelle ces principes se manifestent n'échappera pas à l'apprenti attentif qui trouvera très pratique et économique de pouvoir générer d'un seul coup – en payant un seul ogden – une quantité de nouveaux mots, sachant comment cette modification verbale peut s'appliquer à toute autre situation.

En contraste avec ce système économique, on éprouve par ailleurs le besoin de disposer d'un grand nombre d'étiquettes, notamment lorsqu'on ne peut plus déduire une perception venant d'une autre, toutes deux étant réduites à leur plus simple expression. Il y a autant de noms que d'objets qui peuvent être identifiés et étiquetés isolément. Chaque partie de notre corps a reçu une étiquette ; et pour pouvoir les utiliser, il faudra payer le nombre d'ogdens correspondants. Il faudra aussi une pratique répétée avant que cette connexion mot/objet (dans les deux sens) ne devienne une seconde nature.

Dès lors un apprenti, même frais émoulu, s'apercevra que les mots peuvent être classés :

- comme des objectivations qui doivent être retenues et utilisées telles quelles,
- comme des objectivations variables, dans lesquelles la partie variable véhicule une partie du sens, et la partie fixe l'autre.

La notion de pluriel, par exemple, est perceptible en contraste avec le singulier (ou le dual, dans certains cas). Cette perception entraîne un impact constant sur le mot (si c'est approprié dans cette langue), ou exige, dans d'autres langues, la présence concomitante de particules spécifiques.

Les créateurs des langues, ceux qui les ont construites, ont eu à prendre des décisions sur de nombreux points afin d'expliciter leurs perceptions et de pouvoir les communiquer à autrui. Du fait que plusieurs choix sont possibles pour parvenir à ce but, il existe donc plusieurs langues, non pas une seulement. Et du fait qu'il existe plusieurs langues, nous pouvons postuler que leurs créateurs ont eu divers choix possibles, cherchant un système économique qui puisse expliciter leurs prises de conscience. Les apprentis ont, eux aussi, à faire tout autant de choix lorsqu'ils abordent ces langues. Mais pour eux, le système existe déjà et ce qu'ils ont à faire, c'est percevoir et comprendre les critères établis par les créateurs, pour certifier que le système créé répond aux besoins des créateurs et qu'il est compatible avec les réalités de la vie intérieure des usagers. Compatible, en particulier, avec les faiblesses de la mémoire, qui ne retient pas volontiers ce qui est arbitraire et préfère coopérer avec l'intelligence pour produire des mécanismes qui permettent, avec économie, de re-créer l'une ou l'autre partie du système. C'est la sensibilité des grammairiens qui a permis la création de ces instruments d'économie.

Les bébés n'ont pas à se soucier de plaire à quiconque. Ils cherchent ce qui leur est vraiment accessible et ce qui peut facilement être retenu et devenir fonctionnel. Lorsqu'une sensation ou un sentiment les anime, qui en même temps a déjà une étiquette reconnue dans le langage environnant, ils vont le sélectionner de préférence et l'utiliser comme l'un de leurs premiers mots. Prenons un exemple : si, pour manger, ils veulent utiliser eux-mêmes un couvert plutôt que d'être nourris à la cuiller, et s'il y a dans leur langue maternelle un mot qui exprime ce vœu, ils vont, semble-t-il, le trouver et l'utiliser de suite avec succès, même s'il s'agit du premier mot qu'ils utilisent dans leur langue maternelle[1].

Les bébés ont maintenant acquis les diverses capacités requises :

- pour écouter les autres afin de détecter, parmi les mots qu'ils utilisent, lesquels peuvent être extraits,
- pour analyser ce flot en termes d'énergie,
- pour transmuter ces prises de conscience dans leurs propres productions sonores,
- pour être en contact avec elles et détecter toute différence entre ce qu'ils entendent et ce qu'ils peuvent produire,
- pour travailler sur leurs productions sonores afin qu'elles ressemblent à ce qu'ils entendent, jusqu'à ce qu'ils soient satisfaits et constatent qu'ils peuvent les produire correctement,

[1] En fait, dans quelque groupe que ce soit (famille, institution, communauté), on ne peut pas dire qu'il y ait « un premier mot » commun préférentiel choisi par les enfants qui en font partie. Ceux que nous avons observés ont montré qu'ils utilisaient une grande variété de « premier mot ». Dès lors, il appartient à chaque lecteur de ce chapitre de faire ses propres observations.

- pour placer cette production sonore satisfaisante dans leur stock de mots, maintenant en train d'être constitué.

Certes, ces savoir-faire ressemblent, en nature, à ceux du « pré-parler » mais, dès maintenant, un nouvel élément vient s'ajouter à ce processus : celui du rapport qui est perçu entre l'émission sonore elle-même et la situation à laquelle elle correspond. Ce lien une fois clairement établi, on peut dire qu'il déclenche une action, une image ou une pensée, *et vice versa.*

Les déclencheurs sont des objectivations mentales qui peuvent être organisées en structures hiérarchiques : celles du « pré-parler » étant intégrées dans celles du « parler », et celles-ci intégrant à leur tour les précédentes, de sorte qu'en dernier ressort, elles sont connues du Moi et reçues par les outsiders comme une chose unique ; les éléments qui les composent sont dès lors perdus (fondus) dans le processus d'apprentissage, qui est maintenant sub-conscient.

* * *

Percevoir la réalité est aussi un ensemble complexe d'expériences qui ne font pas toutes appel aux mêmes modes de fonctionnement de la conscience. Si les objets peuvent être perçus isolément l'un de l'autre, l'attention portée séparément sur chacun d'eux donnera lieu à des images spécifiques, une pour chaque objet. Et si des « étiquettes » ont déjà été attribuées et sont appelées des noms (substantifs), on voit alors que certaines des propriétés reconnaissables dans les objets en ont été abstraites et forment le support sémantique du nom en question.

Les noms réfèrent à des concepts qui peuvent intégrer la perception que nous avons d'un objet spécifique et unique, même s'il a une foule d'autres caractéristiques non contenues dans l'« étiquette ». Ainsi tous les verres, ou toutes les tables, ou tous les chiens, etc., aussi différents qu'ils puissent être les uns des autres dans chaque classe, sont acceptables en tant que porteurs de l'étiquette. Les bébés, qui pratiquent l'abstraction dès avant leur naissance, n'ont pas de problème à appliquer une étiquette à une perception particulière, tout en suspendant leur jugement quant à son utilisation ultérieure, telle qu'elle pourrait être appliquée à une perception très différente qui inclurait les composantes déjà identifiées.

Certes, ceux qui, en créant les langues, ont décidé d'utiliser les mots-étiquettes pour définir les objets savaient bien qu'il n'était pas possible de produire une infinité d'étiquettes qui déclencheraient chacune une image unique et spécifique. Ils découvrirent en eux-mêmes les « invariants », des entités invariables, et c'est à elles qu'ils attribuèrent des étiquettes. A partir de là, les mots ainsi construits devaient laisser de côté une foule d'éléments variables et ne référer qu'à une classe, ou une catégorie, qui pourrait contenir autant de membres que nécessaire, avec autant de propriétés différentes ; mais ces propriétés (ou caractéristiques) d'un des membres de la classe doivent être compatibles avec le point de référence invariable représenté par l'étiquette ; pour faire partie d'une classe, l'objet doit avoir, parmi toutes ses propriétés, celles retenues pour caractériser l'étiquette. Ainsi toutes les maisons sont des maisons, toutes les voitures sont des voitures, etc. et personne ne s'inquiète, en entendant des mots de ce type, à l'idée que peut-être l'image ainsi évoquée ne coïnciderait pas avec celle présente dans l'esprit de celui qui parle.

Les bébés se sont-ils réellement dotés du pouvoir d'utiliser ainsi le langage tel qu'il a été créé ? Ceci peut facilement être vérifié. Comment ? Observons deux des exemples qui sont souvent mentionnés comme des « erreurs » faites par des petits enfants qui apprennent à parler. Le premier, c'est l'application presque immédiate à « chiens » (chats) d'une étiquette apprise pour « chat » (chien), certains attributs étant ignorés ; s'ils étaient retenus, il faudrait alors utiliser l'une seulement des deux étiquettes, et il faudrait aussi souligner ceux des attributs qui appartiennent aux deux classes. L'autre exemple, c'est l'utilisation d'étiquettes telles que « papa » ou « maman » – qui correspondent à une relation bien spécifique, mais pas toujours clairement identifiable pour de très jeunes enfants – pour des hommes (ou des femmes) de leur entourage mais qui ne sont pas leurs parents.

Les bébés ont de très nombreuses expériences relatives à de très vastes classes d'impressions, y compris à des classes très variables ; l'existence d'objets individuels, d'objets particuliers, exige donc de leur part une adaptabilité bien plus grande que l'abord d'une classe aux contours indéfinis. En effet, en tant qu'êtres vivants mobiles, immergés dans un environnement où les changements d'éclairage, de distance, d'angle de vue sont constants et inhérents à la vie, les bébés ne subissent à aucun moment une pression particulière qui les obligerait à ne pas tenir compte des changements : c'est à travers les classes que la réalité se fait percevoir. De ce fait, les concepts sont la voie naturelle pour répondre à la perception que nous avons de la réalité. Et par conséquent les mots ne peuvent, par définition, référer à autre chose qu'à des classes d'impressions. Ceci est évident aussi bien pour les créateurs de langues que pour le nouveau-venu qui apprend. Les bébés savent cela ; et ils n'éprouvent pas le besoin d'en être rendus particulièrement conscients, sauf dans les cas où une tension peut se manifester, due à un changement de règle (comme dans le cas, par exemple, de « papa »). Il est beaucoup plus aisé d'être en contact avec des classes d'impressions (ce qui est le cas de nous tous qui vivons dans le temps et sommes capables de voir, et simultanément d'évoquer des images) plutôt que de rendre toutes choses statiques en réduisant à zéro le facteur temps dont toute vie est imprégnée.

Mais, bien sûr, il existe aussi des différences, qui peuvent être très sensibles, entre le fait d'attribuer une étiquette aux sources mêmes des images (les objets) ou à d'autres de leurs attributs perceptibles, tels que leurs dimensions, leurs formes, pour lesquelles des étiquettes existent dans les langues et pour lesquelles des prises de conscience spécifiques existent. Dès lors, nous devons reconnaître aux bébés des capacités qui leur permettent de capter un spectre de significations lorsque nous parlons d'une réalité appelée « mots ». Ces *critères intérieurs* sont invoqués à divers moments, et ils rendent le Moi conscient de ce qui, un jour, sera appelé (par ces étudiants-linguistes spécialisés que sont les grammairiens) adjectifs, adverbes, prépositions, conjonctions, articles, noms, pronoms, verbes. Et parmi cela, des sous-catégories telles que pronoms personnels, possessifs, démonstratifs, relatifs, interrogatifs, etc.

Pour fonctionner, les capacités dont nous parlons doivent être reliées à certaines prises de conscience faites de façon répétée par le Moi et auxquelles il s'ajuste en permanence, du fait que le langage est récurrent. Apprendre à parler, c'est précisément mobiliser, au bon moment, la pleine conscience qui indiquera au Moi qu'il faut utiliser le mot « vous » lorsque l'on parle à quelqu'un que l'on regarde et à qui l'on fait référence. Pour celui qui sait reconnaître ce phénomène au passage, il y aura maintes autres occasions de tester si cette étiquette est bien celle à extraire du flot de mots produit par autrui et à utiliser soi-même en toute réciprocité.

Les bébés observent leur entourage tandis qu'ils testent la validité des observations qu'ils ont pu faire quant à l'usage de tel ou tel mot. Ce test s'effectue de manière spontanée car ils ne sont pas encore sûrs de leurs connaissances, ils éprouvent le besoin de savoir et doivent tenter des expériences afin de répondre à ce besoin. Les bébés n'attendent pas qu'on leur enseigne à tester ; procéder à un test est un acte concomitant à leur quête de la vérité quant à l'emploi de la langue dans l'apprentissage de laquelle ils sont engagés. Car, très vite, ils découvrent que ceux qui les entourent font de la langue parlée un usage qui leur permet d'économiser de l'énergie, d'augmenter leur efficacité dans certains domaines, ainsi que les effets de leur impact sur l'entourage. Du fait que les mots réfèrent à des concepts et à des classes d'entités accessibles aux bébés par la perception qu'ils en ont, et par la conscience de cette perception, les langues deviennent partie de leur fonctionnement interne : *les adjectifs* sont accessibles car ils réfèrent à des qualités perceptibles pour lesquelles il y a des étiquettes ; *les verbes,* car ils réfèrent à des actions ou à des états ; *les adverbes* car ils affectent les verbes de manière spécifique et leur sont liés ; *les noms* car ils sont collés à des images ; *les pronoms*, économiques puisqu'ils réfèrent à de vastes classes et permettent ainsi au locuteur d'exprimer beaucoup de choses sans avoir à les qualifier davantage, ce qui prendrait du temps et rendrait plus difficile la production de longues chaînes verbales ; *les conjonctions,* nécessaires pour articuler les chaînes verbales entre elles, en les additionnant ou alors en les mettant en opposition (par rapport à une ou plusieurs propriétés spécifiques qui peuvent être perçues isolément) ; *les prépositions* qui, elles, sont nécessaires pour placer plus précisément dans l'espace, dans le temps, etc., ce à quoi l'on se réfère.

Pas besoin qu'on nous apprenne que nous vivons dans le temps et dans l'espace, que nous sommes conscients que notre Moi est engagé dans le *hic et nunc* (ici et maintenant), dans des activités réelles ou virtuelles, que nous sommes capables de représentation, de souvenir, de projection, etc. Les bébés sont doués de toutes les sensibilités et les vulnérabilités qui les mettent en contact avec le passage du temps (temps vécu) et les événements qui s'y déroulent. Le langage existe, il fait partie de l'environnement des bébés ; il est utilisable pour toutes choses qui peuvent être atteintes et identifiées isolément par la conscience, et par conséquent « étiquetables », susceptibles de recevoir des étiquettes. Ainsi, grâce à leurs aptitudes, les bébés vont à la rencontre du langage, à travers leur perception de la réalité et des réalités, une fois qu'ils ont compris pourquoi il a y des étiquettes et quel rôle elles jouent. Ils peuvent alors s'embarquer dans l'acquisition de L1, en une étude systématique dans laquelle ils progressent en permanence et non simplement d'une manière linéaire et régulière ; c'est une progression *sui generis* dont chacun décide pour lui-même et que l'on peut décrire comme empirique et exponentielle. Empirique car elle engage nombre de pouvoirs mentaux réels, et exponentielle – c'est ici l'effet cumulatif de l'apprentissage qui entre en jeu – car elle permet d'intégrer, dans le même temps, des tranches de langage de plus en plus larges, précisément du fait que l'on est maintenant devenu conscient des connexions internes très étroites qui existent dans la langue étudiée. Dans les bonds successifs que les jeunes enfants se montrent capables d'effectuer dans leur acquisition de L1, ils sont aidés du fait qu'ils sont conscients que les créateurs du langage ont prévu des outils pour chaque expansion nécessaire et que ces outils sont essentiellement des transformations algébriques, à la portée des bébés. La rétention est rendue facile et devient permanente car elle fait sens, elle est reconnue comme vraie.

Les bébés n'ont pas à effectuer toutes les tâches des grammairiens, puisqu'ils n'ont ni les moyens ni l'intention de consigner leurs recherches ou de les transmettre à autrui. Mais ils utilisent les mêmes sensibilités que les grammairiens et parviennent aux mêmes conclusions au sujet de la langue environnante. Ils font ce travail avec un sentiment d'urgence et un engagement qui les aide à intégrer leurs découvertes, qui sont oubliées en tant qu'événements individuels mais deviennent comme une deuxième nature. La mémoire qu'ils ont de leur apprentissage est incorporée, elle devient une mémoire fonctionnelle, un espace où l'ancien et le nouveau fusionnent, une entité en permanence active.

Tous, nous oublions comment nous avons procédé pour apprendre chacun des éléments qui constituent notre langue car il ne nous est pas nécessaire de nous souvenir de ces processus. Mais il ne s'agit pas là du type d'oublis, momentanés ou permanents, qui surviennent lorsqu'un nom, une date ou une adresse nous échappent. Ce phénomène d'oubli provient de l'assimilation que nous avons faite du langage. L'intégration ainsi effectuée a pour conséquence de faire disparaître les multiples processus qui l'ont rendue possible. Ainsi ne restent en mémoire que les éléments acquis, qui sont dès lors partie intégrante de nous-même et auxquels nous avons un accès direct.

L'apprentissage, c'est le processus tel qu'il se déroule dans le temps, *l'acquisition,* c'est le résultat. La conscience est présente tant que l'apprentissage est en cours ; elle se retire des choses apprises quand nous disons qu'elles sont acquises. Dans certains domaines, les deux étiquettes (apprentissage et acquisition) sont interchangeables, dans d'autres, elles sont clairement distinctes et font référence à des processus différents.

L'acquisition de L1 est le résultat d'une suite hiérarchisée d'apprentissages. Puisqu'on ne peut jamais dire que L1 est totalement acquise, ce qui nous intéresse ici est de comprendre comment sont surmontés les obstacles dans cet apprentissage que nous avons tous traversé avec succès pour apprendre notre langue maternelle. Tout cela semble être accompli sans effort par les bébés et les jeunes enfants ; et c'est bien le cas car la dynamique mentale consiste à acquérir en premier lieu les critères qui permettent de donner un sens au défi, puis de pratiquer la matière à traiter jusqu'à ce qu'elle devienne partie intégrante du psychisme.

Le simple fait, par exemple, que nous vivions dans le temps nous aidera à remarquer les altérations qui s'opèrent dans les verbes qui réfèrent au passé, au présent et au futur alors que nous sommes déjà, à l'intérieur de nous-mêmes, conscients de ces modalités dans le temps.

Toutes les langues ne disposent pas forcément des moyens pour expliciter les prises de conscience liées au mode verbal, aux temps, aux personnes, contenues dans des mots spécifiques ou dans leurs variantes. Lorsque ceux-ci existent, on peut s'y accrocher de manière directe ; mais si, par exemple, ce sont d'autres éléments qui, dans les phrases, réfèrent indirectement à la notion de temps et de ses variations, des prises de consciences plus profondes sont alors requises. Mais eux aussi viennent à former un ensemble de critères ; et les bébés, qui savent que les critères sont essentiels et doivent être établis en premier, vont se mettre à les chercher. Certaines langues européennes possèdent de nombreux temps qui s'utilisent selon plusieurs modes. Pour maîtriser cela, il faudra prendre conscience que le trio passé-présent-futur peut être lui-même utilisé au passé, au présent ou au futur, donnant ainsi neuf relations au temps qui n'ont pas toutes forcément été prises en compte isolément pour produire une forme verbale temporelle spécifique. Certaines de ces langues requièrent des pronoms personnels alors que d'autres peuvent s'en passer en préférant mettre l'accent sur les terminaisons ; d'autres encore utilisent les pronoms malgré des changements de forme (morphologiques) qui peuvent intervenir dans les racines, permettant de se dispenser des pronoms (sauf pour accentuer). Les jeunes enfants se voient dans l'obligation d'observer de près comment leur entourage s'y prend pour opérer de tels changements et ils doivent également détecter de quelles modifications proviennent quelles significations particulières ; sans cela, ils seront complètement perdus lorsqu'ils entendent les gens autour d'eux s'exprimer dans leur L1. S'ils parviennent, en observant attentivement leur entourage sonore, à atteindre la maîtrise nécessaire, ceci signifiera qu'il existe des éléments concomitants perceptibles pour les aider à parvenir à de telles conclusions. Tous ceux qui s'intéressent au processus d'acquisition de L1 devront comprendre desquels il s'agit pour chaque langue.

Les bébés sauront aussi que deux perceptions fondues en une seule pourront à nouveau être séparées et identifiées séparément. Par exemple, des souliers peuvent être bruns, ou noirs, ou d'une autre couleur. Très jeune déjà, un enfant sait associer le nom de l'objet à la forme ou à la fonction de cet objet ; il voit que l'attribut de la couleur est une variable et il cherche à détecter quand et comment on doit faire appel à ces mots, ou alors quand ils sont déclenchés par telle ou telle situation donnée.

A partir du moment où les attributs sont perçus en eux-mêmes, capables d'exister indépendamment des objets auxquels ils sont attachés dans la situation présente, il devient possible d'étudier le fonctionnement des mots qui traduisent le monde des couleurs. Par exemple, on peut voir qu'ils s'excluent l'un l'autre, à moins qu'une conjonction n'indique qu'ils sont co-présents.

La co-présence est un critère qui déclenche le « et ». L'exclusion est identifiée par l'absence de « et » ainsi que par l'apparition, un jour, du mot « ou » qui deviendra comme le signe caractéristique de l'exclusion.

Grâce aux nombreuses perceptions acquises et aux expériences déjà faites montrant que les mots s'appliquent à des classes, les bébés savent que :

- Les noms réfèrent à des classes d'objets qui peuvent différer largement les uns des autres (tels que les "chapeaux", par ex.).

- Les attributs (de couleurs, par ex.) réfèrent à des classes qui tolèrent de très nombreuses variations pour une seule étiquette – tous les « rouge », ou tous les « jaune ». Mais ils peuvent être associés aux étiquettes de noms qui, eux, expriment des impressions bien distinctes ; impressions qui peuvent aussi se fondre en une seule, en particulier lorsqu'on observe un objet concret. Un bébé attentif verra bien son propre pouvoir d'abstraction à l'œuvre et l'aide qu'il peut en tirer pour comprendre quelle perception requiert telle ou telle étiquette. La pratique quotidienne, et le fait que le langage fonctionnel est récurrent, fourniront les occasions nécessaires pour que très tôt soit découverte la manière dont les classes se comportent (un chapitre de l'algèbre).

- Cette algèbre des classes leur est perceptible ; ils le prouvent précisément lorsqu'ils disent, par exemple « mon chapeau rouge et mon sac rouge », ou « quels souliers vais-je mettre aujourd'hui, les bruns ou les noirs », mettant ainsi en évidence le transfert de l'attribut « rouge » d'un objet à un autre, ou alors en gardant le même nom et en étiquetant différemment ses attributs. Ce à quoi les bébés ont accès, c'est la signification de ce transfert, clairement lié à des éléments d'ordre intellectuel qui se manifestent du fait que le contenu de l'esprit est fait de classes d'impressions interconnectées. Les impressions sont les parcelles de réalité qui servent de support aux étiquettes, arbitraires, qui – du fait que ce sont elles qui déclenchent ces réalités – gagnent pour elles-mêmes en réalité, un statut que la plupart des adultes octroient aux mots.

- Les propriétés (algébriques) des classes leur sont accessibles aux niveaux où elles peuvent effectivement servir de critère, c'est-à-dire déclencher des déplacements d'énergie à l'interne. La preuve, on la trouve en écoutant de jeunes enfants utiliser les conjonctions ; la juxtaposition d'adjectifs (comme « une boisson chaude sucrée » ; l'affirmation et la négation (« ceci est mou, pas dur ») ; l'utilisation aisée des antonymes (le contraire de ________ c'est _______), toutes choses qui s'apprennent quasiment au même moment.

Les bébés et les jeunes enfants identifient très tôt le besoin d'effectuer des *transformations* lorsqu'ils se trouvent devant les adjectifs possessifs. En effet, l'expression « ma main » peut être utilisée par tous mais elle doit se transformer en « votre main » ou « sa main » dès qu'on y fait référence, et ce changement correspond à un critère perceptible. Observer les transformations permet d'apprendre comment les manier dans diverses circonstances ; l'expérience ainsi acquise demeure, et peut s'appliquer à toute autre situation du même type. Chaque transformation qui existe, dans une langue ou dans une autre, résulte d'un besoin ressenti par les créateurs de cette langue ; et c'est ce besoin qui fera l'objet d'une prise de conscience distincte par tout apprenti. Avec de telles prises de conscience s'effectueront les changements requis dans les expressions orales, perçues comme constantes et désormais nécessaires. *Par la pratique, ils deviendront comme une seconde nature.*

Parmi les prises de conscience du type de celles mentionnées ci-dessus, nous incluons les adjectifs démonstratifs et les pronoms (dont il existe quatre en anglais, chacun référant à un critère unique) ; les comparatifs et les superlatifs ; le besoin d'adverbes pour affecter les verbes selon des perceptions spécifiques ; l'enchaînement d'adjectifs qualitatifs, aussi nombreux que possible, pour décrire une perception globale d'une forme, par exemple, ou d'une dimension, d'une couleur, d'un emplacement, de façon qu'on puisse dire, sans incohérence « the large red rectangular box on top of the high, brown, round table there ».

« Doux et agréable » peuvent être deux sentiments ressentis comme co-présents et néanmoins distincts, et requérant des étiquettes différentes, chacun créant une impression différente.

« Dessus » et « dessous » sont tous deux reconnus comme nécessaires, suivant quel objet est mentionné en premier. Cette dualité s'applique aussi lorsqu'une proposition requiert simultanément adjectifs et pronoms possessifs. Selon que nous nous référons en premier à l'un ou à l'autre, la perception sera différente et donnera un critère qui entraînera des transformations spécifiques, conduisant à prendre conscience qu'il existe des *expressions équivalentes*. Ainsi par exemple :

« this is your pen and this is mine » est équivalent à « this is my pen and this is yours » parce que les deux expressions décrivent aussi bien l'une que l'autre la même situation, à l'exception de l'ordre dans lequel on fait référence aux « plumes ».

Les transformations et les équivalences sont co-présentes et existent dans toutes les langues car elles sont nécessaires pour rendre compte de la dynamique qui sous-tend les perceptions, la perception des situations, l'engagement dans ces situations, les choix résultant des possibles comportements multiples, etc. Pour entrer dans L1, les jeunes enfants doivent comprendre que les transformations et les équivalences sont des outils permettant de saisir les réalités complexes et changeantes de leur environnement. Puisqu'elles ne peuvent faire l'objet d'un enseignement, nous devons accepter l'idée que les jeunes humains sont capables de percevoir ces instruments sans lesquels il est impossible d'acquérir une langue, ici L1.

Que ce soient des mathématiciens qui les premiers aient écrit au sujet de ces instruments et les aient utilisés dans la littérature scientifique n'enlève rien au fait que, sur l'ensemble de la planète, tous les jeunes enfants ont dû en prendre conscience et les utiliser de manière empirique afin d'intégrer les attributs de L1 auxquels ils se réfèrent. Les jeunes enfants n'avaient aucune raison de faire appel à un autre niveau de conscience, nécessaire pour les identifier et en parler comme nous le faisons. Mais sans la première prise de conscience, il leur manquerait l'accès au medium de la langue dont disposent les autres humains autour d'eux et, par conséquent, ils ne pourraient l'apprendre ni acquérir leur L1.

Etre consciemment engagé dans une situation donnée va structurer le temps en autant de moments successifs, chacun laissant derrière lui ce que nous appelons « l'expérience », équivalente à chacun de ces temps de notre vie. Par conséquent, l'activité consciente qu'est l'apprentissage est aussi structurée de la même manière ; nous comprenons par là que nous avons besoin de temps pour saisir la substance réelle de L1 et il devient évident que d'apprendre à parler L1 pourra nous prendre, à tous, plusieurs mois.

Ce que le temps structure, c'est le contenu réel de l'acquis. Ce postulat pourrait (peut-être) fournir une séquence unique – et en dernier ressort possible à décrire – d'apprentissages, applicable à tous les apprentis grâce à l'imbrication des hiérarchies temporelles régissant les attributs : l'un ne pouvant être recherché tant que d'autres le précédant n'ont pas été intégrés. Mais peut-être n'existe-t-il aucune séquence unique de ce genre et penser qu'une connaissance commune de la langue est possible serait irréaliste. Et peut-être n'est-elle même pas nécessaire pour rendre compte de tous les acquis individuels. Il se peut que nous parvenions à la conclusion selon laquelle on peut dire qu'un enfant a appris à parler sa L1 dès lors que l'usage qu'il en fait, pour sa propre expression, est suffisant pour déclencher chez autrui une compréhension équivalente à l'émission originale, c'est-à-dire compatible (grâce à un certain nombre de transformations) avec l'intention du locuteur et aussi proche que possible de ce que d'autres diraient dans des circonstances similaires.

Ce qui précède est aussi, par conséquent, une définition de la *communication.*

Les langues ne sont pas tant des « choses », des objets, que des ensembles de classes d'entités reliées par des équivalences qui, elles, proviennent d'ensembles de transformations objectivant les dynamiques qui sous-tendent les perceptions que l'on peut avoir d'une réalité faite d'énergies structurées par des durées.

Aussi abstraite que soit cette définition, c'est pourtant celle qui décrit le mieux ce que les bébés ont à affronter et qu'ils doivent parvenir à comprendre.

En dernier ressort, ce sont *l'énergie et le temps* qui sont à l'origine de toutes les réalités.

La perception est la voie par laquelle le Moi individuel se connecte à ces réalités. La vérité perçue est donc essentiellement dynamique : des classes d'impressions reliées entre elles par la conscience constituent les entités que l'esprit va garder présentes. Les étiquettes, aussi bien celles qui servent de déclencheur que celles qui sont retenues comme correspondant à ces entités, réfèrent à des classes d'impressions. Ces classes s'imbriquent les unes dans les autres, le Moi étant conscient que les éléments perçus appartiennent simultanément à plusieurs classes.

Nous n'avons pas pris la peine de remarquer que les bébés et les très jeunes enfants sont sensibles, précisément, à ces très légères variations énergétiques qui affectent d'autres quantités minimes d'énergie auxquelles le Moi est attentif et qu'il peut percevoir plus facilement en ces moments où tout pour lui est nuance et bas registre, laissant à plus tard les contacts avec de plus grandes quantités d'énergie. Nous n'avons pas non plus donné d'importance au fait que les mots réfèrent essentiellement à des classes et que – puisque nous apprenons si tôt à parler notre langue maternelle – nous devons avoir été sensibles aux classes d'impressions avant d'avoir pu nous doter des entités mentales qui ont frappé les chercheurs, tout comme des objets pourraient le faire, des objets particuliers qui occupent notre champ perceptif et nous affectent à travers nos organes sensoriels. Les philosophes et les psychologues nous ont enseigné que notre démarche vers la connaissance va du particulier au général, mais ils ne sont jamais parvenus à nous expliquer comment ceci s'applique à l'apprentissage d'une langue. Une pomme est, en fait, un ensemble singulièrement complexe de photons dont la réflexion varie avec le rayon lumineux qui vient la frapper et les différents angles selon lesquels ils atteignent notre rétine, mais nous nous satisfaisons de la phrase « une pomme est un fruit », utilisant ainsi une classe plus vaste pour indiquer que nous comprenons aussi la classe la plus restreinte. Le singulier est tellement plus complexe et plus compliqué que le général qu'il nous faut de longues phrases pour le cerner.

Il semble axiomatique aujourd'hui que *notre épistémologie, pour être correcte,* doive commencer avec des pouvoirs de l'esprit qui restent dès le début en contact avec la réalité, et que cette réalité est faite de classes d'impressions qui proviennent de variations énergétiques dans le temps.

C'est pour cela que le premier critère qui nous permet d'apprendre est celui de « justesse ». En tant qu'apprenti, je n'ai rien à dire quant à ce que j'entends ; c'est quelque chose qui me parvient tel qu'il est utilisé par d'autres, et je dois le recevoir et l'accepter tel quel. Je cherche à m'en rapprocher et je fais tout ce que je peux pour ajuster ma production sonore à ce que j'en saisis. Cette capacité à respecter mon environnement sonore pour ce qu'il est semble me venir aussitôt que :

- je remarque que les personnes autour de moi savent faire ce que je fais, et aussi
- qu'elles savent faire ce que je n'ai pas encore fait.

Grâce à la sensibilité particulière que je vais développer, je vais recevoir l'impact des très petites parcelles d'énergie contenues dans les mots, contrastant avec les grosses quantités d'énergie véhiculées par les voix. Je travaille alors à retenir ces faibles impacts, de manière à analyser leur contenu énergétique et à maintenir leur structure temporelle ; dans ce même temps, j'essaie de traduire ces prises de conscience en autant d'instructions que je donne à mon système phonatoire dans le but de produire un son équivalent. En faisant tout cela, je poursuis mon éducation et je deviens capable d'observer, précisément, de telles structures. Totalement engagé dans ce type d'activités, mon Moi apprend à être efficace dans un contexte très complexe. A travers des exercices spécifiques, je m'assure que j'ai bien intégré ce savoir-faire jusqu'au point où il devient automatique, sous la surveillance du psychisme et non plus du Moi.

Ainsi je m'enseigne en tout premier à « avoir juste ». La justesse reconnue en n'importe quel mot est alors transférée à une chaîne de mots, où d'autres prises de conscience seront peut-être nécessaires pour tenir compte des silences, des accentuations, des fusions qui peuvent être vues simplement comme des mots plus longs, qui demandent du Moi une présence prolongée dans l'impact ainsi que dans mon système phonatoire qui tente de produire ma version, équivalente à ce que j'entends. Alors le « phrasé » va apparaître ; et lorsque quelques phrases sont émises l'une après l'autre, c'est une nouvelle réalité qui se voit objectivée, appelée mélodie, qui existe déjà dans le flot des sons produits par mon entourage et dont j'accepte l'impact comme celui de n'importe quelle mélodie, puisqu'il s'agit d'énergie étendue dans la durée mais qui dès maintenant va servir de réceptacle à une chaîne de mots que je vais produire. Je dois « avoir juste » sur quatre points : les sons en chaînes, les accentuations, les phrasés et les mélodies, avant que mes vocalises ne reflètent vraiment celles que j'entends autour de moi. Je vais donc y travailler délibérément, ne m'attachant qu'à ce que je peux retenir dans ma conscience, sachant que plus j'y travaille, plus ce champ va s'étendre et plus ma compétence d'autodidacte va augmenter.

Ce domaine de la *justesse* exige que je me sensibilise à certains facteurs et, *pour cela, je n'ai besoin de personne d'autre.*

Je suis un système énergétique doué de conscience. Je puis, par conséquent, prendre conscience des apports d'énergie que je reçois et je les reconnais pour ce qu'ils sont. Mais je suis aussi conscient de moi-même et de tout ce que j'ai opéré dans mon soma, *in utero* et depuis ma naissance. Je sais que ma volonté peut affecter mon système volontaire de production sonore et je peux me lancer à produire ce que j'ai entendu, pour autant que j'aie pu en analyser le contenu énergétique ; et pas avant le moment où les tests que je fais non seulement me disent que la production est telle que je pense qu'elle doit être, mais m'indiquent aussi comment les autres personnes l'accepteront comme équivalente à ce qu'elles-mêmes produisent. Ces tests sont utilisés par mon Moi pour faire passer cet acquis du stade de pleine conscience à celui de partie intégrante de mon psychisme, faisant ainsi de cet acquis une seconde nature.

Apprendre à parler n'est qu'une des manières dont mon Moi est engagé dans l'univers de l'énergie. Mes perceptions proviennent de tous les changements qui se produisent dans l'univers spatio-temporel qui est le mien. J'apprends à utiliser mes mains pour saisir les objets de manière plus sélective, pour m'aider à m'asseoir, pour suivre du doigt des objets en mouvement, pour focaliser mon regard et repérer les formes, les couleurs, les distances, les positions relatives, les quantités d'énergie nécessaire pour tenir un objet, pour tourner et tirer ou pousser, pour déchirer, plier, soulever, jeter, etc. Et aussi pour me familiariser avec les propriétés des objets qui peuvent être rugueux ou lisses, mous ou durs, tranchants ou émoussés, etc.

Autrement dit, tandis que je travaille à acquérir L1, avec tous les défis que cela me pose, je développe en même temps un sens des significations accessibles dans l'univers environnant. Atteindre les « significations » précède les tentatives que je fais de parler, car les unes sont nécessaires pour me lancer dans les secondes.

En réalité, ce n'est que grâce au fait que j'ai atteint des systèmes de significations au moyen de toutes les prises de conscience disponibles à mon Moi que je vais être capable de retenir tout l'arbitraire du vocabulaire (lexicon) de ma langue. Les mots sont acquis lorsque je suis capable de les lier à mes perceptions et à l'énergie qu'elles mobilisent. Ainsi s'opère leur rétention, et se constitue la mémoire qui sera appelée « verbale ». Je saurai, *parce que j'ai moi-même eu à le faire,* que tel ensemble de sons doit être déclenché par telle signification et inversement, telle signification va déclencher tel ensemble de sons. Dès lors, un nouveau critère apparaît bientôt, que nous appellerons **adéquation** (être adéquat). Chaque fois que nous utilisons un mot (ou une chaîne de mots) et que nous constatons qu'il déclenche chez l'entourage la réponse prévue, nous considérerons ce mot (ou ces mots) comme adéquat(s). Une fois reconnue comme adéquate, la paire signification/mot (ou mots) est remise par le Moi au domaine du psychisme.

Lorsqu'ils sont réunis, ces deux critères de justesse et d'adéquation rendent l'expression verbale fonctionnelle ; elle est, dès lors, considérée comme un moyen de communication avec l'entourage. Elle va être utilisée tout d'abord avec précaution puis, dès qu'elle est reconnue comme valable, elle sera utilisée avec confiance, la présence du Moi n'étant plus nécessaire que pour « pousser » les chaînes de mots les unes après les autres. C'est grâce à ce travail au niveau de la conscience, effectué par le Moi lorsqu'il s'engage dans ce type d'activités, que l'on parvient à parler couramment. Il n'y a pas qu'une seule voie pour atteindre ce but et, en observant les très jeunes enfants, on recueillera une foule de renseignements remarquables qui font voir que chaque être humain est vraiment unique ; ceci explique la multiplicité des voies d'accès à cette fluidité dans le parler.

Dès qu'il parle couramment, un individu peut s'identifier à son pouvoir d'expression sur lequel il continuera sans cesse de travailler, peut-être jusqu'à la fin de ses jours. Ceux qui tentent de prendre conscience des structures de leurs expressions verbales vont y trouver, intimement implantés en elles, les signes de justesse et d'adéquation. Et s'ils expriment leurs découvertes en termes de prise de conscience des mots et des structures temporelles, ils donnent ainsi aux expressions verbales une réalité *sui generis* indépendante de tout le travail déjà fait, qui précède l'objectivation d'un parler final et complet. Ces personnes sont reconnues, parmi tous les hommes doués de la faculté de parler, comme des spécialistes qui se font appeler linguistes et grammairiens.

« *Correct* » est le terme utilisé par les grammairiens au lieu de « *juste et adéquat* » pris ensemble.

« Je vous verrai hier » est une phrase qui peut être énoncée ; elle a la même structure que la phrase « Je vous verrai demain » mais elle n'est pas juste car elle n'est jamais dite par ceux qui connaissent le sens des mots qui la composent ; c'est donc au nom du critère d'adéquation qu'elle est exclue.

* * *

Armé de tous les pouvoirs développés dans le « pré-parler », et ayant déjà survolé ceux que recèle le « parler », tout bébé doué du sens de l'ouïe et qui a un accès direct aux significations va se lancer dans l'acquisition de L1, sachant que les mots ne sont que l'une de ses composantes et que le critère de « justesse » doit être appliqué en permanence ; il sait aussi que les mots ou les phrases, avant de pouvoir être retenus, doivent passer le test d'adéquation (être reconnu comme adéquat), qui relie les mots aux sources de la « *vérité* » et de la réalité dans les perceptions que l'on peut avoir de l'énergie et de ses variations dans le temps.

Il serait possible d'établir une description du déroulement des apprentissages menant à l'acquisition de L1 mais l'utilité de cette démonstration aujourd'hui n'est pas garantie. Nous laisserons aux parents industrieux qui souhaiteraient le faire le soin d'écrire les ouvrages qui décriraient la séquence réelle des apprentissages effectués par leur progéniture engagée dans l'acquisition de la langue parlée autour d'eux. Cet ensemble de témoignages sera sans nul doute plein de surprises et fera apparaître bien des choses que nous sommes loin d'imaginer, vu le degré de conscience que nous avons dans ce domaine.

Je connais deux cas de jeunes garçons qui avaient décidé de ne rien montrer de leur acquisition de L1 et qui, jusqu'à l'âge de quatre ans, n'ont prononcé aucun mot. Et soudain, ils ont levé cette censure et parlé d'emblée très couramment, et de manière correcte. Ils nous ont indiqué ainsi que certains d'entre nous découvrent très tôt que « l'apprentissage virtuel » vaut la peine d'être testé alors que la plupart des gens choisissent « l'apprentissage réel » utilisant des outils correctifs explicites, auxquels tous n'ont pas besoin d'avoir recours.

L2

Le problème de l'acquisition de L2 est compliqué, comme nous l'avons déjà dit, du fait qu'il y a généralement des enseignants dans le tableau ; des enseignants qui sont là en personne, ou par l'intermédiaire de ce qu'ils ont choisi d'écrire pour aider les étudiants qui achètent leurs livres.

Toute personne qui s'intéresse à comprendre comment on acquiert L2 devra être très au clair quant aux principes de base qui guident telle ou telle approche. Il ne faut pas confondre ces principes avec une méthode, rendue explicite ou non, et qui pourrait bien n'être qu'une des actualisations des-dits principes. Par exemple, la méthode qu'on appelle « méthode directe » peut prendre plusieurs formes qui diffèrent considérablement l'une de l'autre, bien que toutes se rattachent peut-être au même ensemble de principes.

Dans ce chapitre, nous nous préoccupons du défi suivant :

Ayant établi de manière détaillée quels apprentissages conduisent chacun d'entre nous à la maîtrise de L1, pouvons-nous tenter d'acquérir une maîtrise de L2 en utilisant celle que nous possédons de L1 ? En d'autres termes, pouvons-nous nous inspirer des découvertes faites dans l'étude de l'acquisition de L1 pour trouver des manières d'enseigner qui conduisent chaque étudiant d'une L2 à atteindre le bébé et le très jeune enfant en lui-même, lui permettant ainsi d'utiliser son savoir-faire pour conquérir rapidement, facilement et pour de bon L2, presque comme si elle devenait sa L1 ?

Cette manière de dire les choses peut paraître trompeuse, et tous ceux qui enseignent les langues savent que pour pratiquement toute personne qui apprend une L2 à un certain âge (c'est-à-dire au-delà de l'enfance) rien n'est aisé, rapide, ni permanent. Si nous choisissons de dire les choses ainsi, c'est que cela semble possible et a déjà été tenté un certain nombre de fois, avec des résultats encourageants. Ici, nous allons faire une proposition qui prend en compte nombre d'éléments caractéristiques de cette situation, même si certains autres sont laissés de côté.

Ce qui fait la valeur de cette proposition, c'est qu'elle est la première présentation explicite d'une *épistémologie de l'apprentissage d'une deuxième langue*, utile aux enseignants qui se doutent bien que, s'ils savent ce qu'ils sont en train de faire, ils seront mieux à même de cibler leurs activités dans les classes où les langues sont enseignées.

Notre guide reste pour cela l'étude de l'acquisition de L1.

La première rencontre avec L1 s'effectue au niveau du langage parlé. Pouvons-nous faire de même en présentant la version parlée de L2 aux étudiants ? Ceci a été tenté avec la « méthode directe » par quelques enseignants qui ont dû constater qu'ils n'avaient pas toujours beaucoup de succès. Mais le contact avec le langage parlé dans L1 s'est effectué tout d'abord à travers la maîtrise acquise dans le « pré-parler » et, à ce jour, personne n'y a vraiment pris garde. Alors notre question sera plutôt : pouvons-nous utliser les capacités de « pré-parler » que les étudiants apportent avec eux pour les introduire à la *répartition de l'énergie* caractéristique dans telle ou telle L2 ? En outre, le « pré-parler » met en évidence le caractère volontaire des organes phonatoires et remet à plus tard l'éducation de l'oreille, jusqu'à ce que le Moi de l'étudiant délègue ce premier savoir-faire à ses oreilles qui, alors, fonctionnent dorénavant comme des contrôleurs vigilants des sons qui seront émis. En tant qu'enseignant engagé dans cette première étude des moyens qui permettent de produire de telles prises de conscience au niveau du système des sons de L2, (y compris les accentuations, le phrasé et la mélodie), nous devons connaître dans sa réalité la phonétique et la phonologie de L2. Il peut arriver – comme c'est le cas dans un certain nombre de paires de L1 et L2, par exemple anglais/japonais – que tous les sons de L2 soient déjà présents dans L1, et les étudiants n'ont pas à apprendre à produire un nouvel ensemble de sons. En fait, une telle étude des langues nous fait découvrir que les langues diffèrent peu quant aux sons qu'elles choisissent de retenir mais diffèrent considérablement sur d'autres choix, tels que les combinaisons et les permutations d'ensembles de sons, les accentuations, les phrasés et les lignes mélodiques. Les enseignants doivent examiner ces facteurs de très près et en prendre conscience afin que rien n'échappe, et trouver une manière de les présenter de façon que, dans la production sonore des étudiants, ces composantes sonnent avec la même « justesse » que s'il s'agissait de leur L1.

La plus grande difficulté, dans cette présentation de la phonologie et de la phonétique de L2, s'est trouvée être le fait que les professeurs de langue ont accepté l'axiome qui dit : puisque les sons doivent être transmis aux étudiants, ce sont les professeurs qui doivent les mettre en circulation et ainsi ils atteignent les oreilles des étudiants. A partir de là, c'est aux étudiants de faire le travail nécessaire pour transmuer ce qu'ils entendent en ce qu'ils disent.

La logique est sans faille. La seule chose, c'est que l'expérience prouve qu'il est rarement possible pour les étudiants (hormis les bébés) d'obtenir de bons résultats de cette manière, même si le professeur est prêt à de nombreuses répétitions. On trouve même des gens qui passent des années dans un environnement où se parle une langue donnée et qui continuent de parler cette L2 avec des mots dont ils utilisent la valeur sonore comme dans leur L1, sans se douter une minute que L2 et L1 ont des lignes mélodiques différentes.

Ceci vient-il du différent degré de présence du Moi dans les oreilles ou dans la gorge ? Nous avons déjà vu dans « pré-parler » que l'oreille n'est sollicitée que plus tard, tandis que la partie volontaire de la bouche pouvait être activée dès la quatrième semaine après la naissance. Si nous parvenions à mobiliser dans nos étudiants la partie qui concerne le « pré-parler », ne serait-ce pas une manière de les remettre en contact avec le bébé en eux ?

Le fait d'avoir posé la question nous met sur la piste et nous permettra de trouver moyen de faire l'impasse sur l'ouïe et d'aller directement à la base volontaire du langage. Après des années d'expérimentation, nous pouvons maintenant certifier que tout étudiant, s'il est prêt à *jouer le jeu*, sera capable – selon un savoir-faire bien distinct – d'une remarquable production sonore, correspondant à la partie parlée de L2. Et ce phénomène se produit généralement dans les deux premières heures, environ, après avoir pris la décision de travailler à l'acquisition de la L2 choisie. Le « sens » de cette activité, c'est précisément d'arriver à s'exprimer en L2, en s'assurant que les sons sont justes, correctement mixés et accentués, que les phrasés sont respectés et la mélodie prise en compte. Du fait que cette exigence est précise et claire, les étudiants se trouvent absorbés dans ce jeu et, satisfaits des résultats obtenus, suffisants pour maintenir leur motivation, prêts à travailler ainsi pendant deux heures d'affilée.

Pour répondre au défi qui consiste à « contourner » l'ouïe, un outil a été créé, sous forme d'un tableau son/couleur, dans lequel les sons-voyelles de L2 sont représentés par des rectangles de couleur placés dans la partie supérieure du tableau, tandis que les consonnes représentées aussi par des rectangles de couleur se trouvent dans la partie inférieure, séparées des voyelles par une ligne horizontale. Chaque son s'est vu arbitairement associé à une couleur. Les diphtongues sont représentées dans d'autres rectangles bicolores, le premier des deux sons à prononcer étant placé dans la partie supérieure du rectangle.

Le tableau son/couleur contient tous les sons de la L2. Et l'utilisation des couleurs permet de garder, dans différentes langues, la même couleur pour le même son. Ainsi en comparant visuellement deux de ces tableaux, on peut voir d'emblée :

- s'il y a de nouveaux sons quand nous passons d'un tableau à l'autre,
- quels sons sont pareils,
- combien de nouveaux sons il faudra acquérir,
- combien de voyelles et combien de consonnes constituent le tissu phonétique de ces langues,
- qu'il est possible d'avoir une vue globale d'une langue.

En procédant à des expériences avec un certain nombre de ces tableaux, portant sur plusieurs langues, il est apparu clairement que pour parvenir à maîtriser la correspondance son/couleur, il était préférable de travailler tout d'abord sur les voyelles. Du fait que les langues ne diffèrent guère quant aux consonnes (qui seront plus facilement maîtrisées une fois que les voyelles sont déjà acquises), toutes les syllabes possibles peuvent être formées, ceci pour donner la pratique nécessaire à l'acquisition de la correspondance son/couleur pour les consonnes.

Les consonnes peuvent être présentées de manières très variées. L'enseignant, qui a maîtrisé la correspondance son/couleur dans sa L1, est libre de choisir. Le choix est si grand..., les leçons initiales n'ont pas à être toutes semblables.

Une suggestion, qui a toujours eu beaucoup de succès, est d'utiliser le nom des notes de musique (do, ré, mi, etc.) pour présenter six consonnes, si elles existent dans la L1, qui est maintenant la L2 pour les étudiants.

Pour l'enseignant, il s'agit de montrer aux élèves qu'ils peuvent produire des séquences parlées en L2 dès qu'ils savent prononcer les voyelles et toutes les syllabes qui peuvent être formées avec les 6 ou 7 consonnes déjà connues, introduites avec le nom des notes. Il n'y a presque rien à retenir. En fait, aucune de ces productions sonores n'a besoin d'être mémorisée. Le but de cet exercice est de pratiquer le « pré-parler » en L2 au niveau où se trouvent les élèves à ce moment là, c'est-à-dire savoir ce que c'est que parler dans leur propre L1 et utiliser ce savoir-faire pour produire des chaînes sonores de mots qui n'appartiennent pas à leur L1 mais sont acceptées comme appartenant à la L2 qu'ils sont en train d'étudier.

Avec l'ensemble des voyelles et quelques consonnes, on peut donc facilement générer un très grand nombre de chaînes sonores, suffisamment pour que les élèves aient ainsi un bon accès (a feel of L2) à L2 et qu'ils se sentent du même coup bien outillés pour la « parler » avec facilité, et de manière compréhensible pour ceux dont c'est la L1, même si, à l'inverse, ce n'est manifestement pas le cas.

Le plus souvent, en l'espace de deux heures environ, il est possible de rendre les élèves capables de « lire en couleur » et de « moduler leur expression » qui ressemble alors à ce qu'ils reconnaîtraient comme la L1 des autres, devenue maintenant une L2 qu'ils s'appliquent à acquérir.

Pour ceux qui ont atteint ce stade, deux exercices se présentent :

- un ensemble de mots en couleur (dans le système d'écriture de L2) apparaissent, qui peuvent tous être décodés et énoncés correctement (sauf au cas où parfois il est nécessaire d'indiquer certaines accentuations si elles ne sont pas marquées dans le texte) ;

- cet ensemble de mots, ce peut être les noms des chiffres et des nombres tels qu'ils existent en L2 ; ainsi, en deux heures environ, on parvient à maîtriser la numération, et même un peu d'arithmétique en L2.

Dès lors ils savent lire en couleur, et tous les mots ou ensembles de mots représentés en couleur sur les tableaux peuvent être abordés et traités séparément par les élèves ; ils s'assurent ainsi qu'ils savent les prononcer aussi correctement que le ferait un natif de la langue, bien qu'aucun de ces mots ne déclenche une image correspondant à une signification comme ce serait le cas pour ceux dont c'est la langue maternelle.

Mais si le tableau examiné est celui des nombres, il est clair qu'une signification va s'établir lorsqu'on associe les chiffres arabes 1 à 9 à ces mots. Ces chiffres arabes sont maintenant universellement adoptés (parfois comme un deuxième système) par les peuples qui autrefois avaient leur propre système qu'ils utilisent encore aujourd'hui dans les transactions chiffrées.

« Ogden » est le nom que nous avons donné à la quantité d'énergie mobilisée pour retenir un son arbitraire ou une connexion arbitraire. Chacun doit payer autant d'ogdens qu'il y a de rectangles de couleur pour maîtriser cette dynamique de « déclenchement » entre son et couleur, ou vice-versa, qui est à la base des exercices du « pré-parler » en L2. Et maintenant, nous avons à payer neuf ogdens pour retenir en L2 les neuf chiffres de 1, 2, 3... à 9. Pour s'assurer que le paiement se fait, l'enseignant introduira chaque chiffre séparément et donnera l'occasion de pratiquer cette correspondance son/couleur, qui devient quasi automatique alors que l'ensemble des chiffres augmente de 1 à 9, désignant avec un pointeur dans n'importe quel ordre chacun des chiffres dans chacun des sous-ensembles successifs ainsi formés.

Pour faire un test, un élève est prié de pointer le chiffre correspondant à un nom donné par la classe. Et inversement, la classe est appelée à émettre le nom correspondant à n'importe lequel des chiffres qu'un élève désigne avec le pointeur.

En ayant payé neuf ogdens, on a acquis neuf chiffres sous forme de numéros, mais aussi dans leur forme écrite sur les tableaux de mots où ils apparaissent dans l'écriture propre à L2. A l'aide des nombreuses connexions et associations qui se font entre les trois systèmes (noms, chiffres et mots écrits), on arrive au point où n'importe lequel des signaux déclenche les deux autres.

L'approche sera différente selon les différentes langues, et le nombre d'ogdens à payer sera variable. Mais une fois connu, le système fournira aux élèves :

- une vaste quantité de chaînes de mots qu'ils comprennent parfaitement et qu'ils sont capables de prononcer aussi bien que les natifs de cette langue,

- une partie de L2 (la seule) dans laquelle ils peuvent prendre des initiatives comme ils le souhaitent pour s'exprimer, sachant exactement ce qu'ils veulent dire et comment y donner forme, comme le feraient des natifs ; ils démontrent ainsi leur *autonomie* dans un champ nouveau abordé à peine deux heures auparavant,

- l'occasion de maîtriser en L2 une tranche importante de la langue qui, dans les sociétés commerciales modernes, est si fréquemment utilisée,

- une base pour transférer en L2 des années d'étude en arithmétique, faites en L1 ; tout cela en payant seulement quelques ogdens supplémentaires, pour apprendre le nom des opérateurs algébriques : addition, soustraction, multiplication et division, ainsi que les fractions,

- une base pour pouvoir rapidement se lancer à demander l'heure et répondre à la question ; savoir demander des numéros de téléphone et téléphoner ; donner son âge et son adresse ; et pour quelques ogdens, retenir les éléments nécessaires pour relier les mots entre eux (soit qu'on les pointe sur le tableau son/couleur, soit qu'ils apparaissent en couleur sur les tableaux de mots).

Un tel programme pour les cinq ou six premières heures en L2 peut être jugé inutile. Il devient nécessaire, en revanche, si nous pensons aux élèves qui entrent dans L2 au prix de, disons, cent ogdens. Il n'y a rien de comparable nulle part ailleurs. Le chapitre de la numération fait partie de tous les programmes ; nous demandons simplement qu'il soit un des premiers à être présentés. Un des bénéfices sera que le moral des élèves va s'en trouver rehaussé et qu'ils se sentiront motivés à poursuivre des études si profitables et intéressantes.

Comme autre bénéfice, on verra que L2 n'apparaîtra plus comme une langue « étrangère » mais plutôt comme une autre manière de faire quelque chose que l'on connaît déjà.

Il pourra dès lors continuer d'en être ainsi, à condition que soient développées des techniques aussi efficaces pour d'autres domaines.

* * *

Ces domaines, nous avons pu les circonscrire grâce aux deux découvertes suivantes :

- la notion de « situations linguistiques » faciles à composer à l'aide d'un ensemble de réglettes de couleur, et
- la sélection d'un « vocabulaire fonctionnel » pour chaque langue, qui permet d'accéder aussi bien à toutes les structures de L2 qu'à l'esprit même de chaque L2.

Les grands avantages de ces cadeaux ainsi faits aux étudiants vont bientôt se montrer appréciables.

Nous appelons « situations linguistiques » les situations qui ont pour fonction de faire parler les élèves. Il y en a de diverses sortes : géométriques, algébriques, arithmétiques, etc. Chacune d'elles suscite les prises de conscience relatives à ces domaines. Mais si elles conduisent quelqu'un à parler des matières propres à tel ou tel domaine, elles peuvent aussi être dites linguistiques, puisqu'elles incitent à produire spontanément de longues chaînes de mots contenant du vocabulaire spécialisé. Les dessins, les images ont cette même propriété.

Si nous voulons contrôler le vocabulaire et ne pas introduire des mots d'un usage peu courant, nous chercherons alors les moyens qui permettront de présenter la « charpente », l'ossature de la langue. Nous avons trouvé qu'un ensemble de bâtonnets de couleur (1cm2 de section dans des longueurs allant de 1 à 10 cm) peut être l'un de ces moyens.

Des milliers d'enseignants ont adopté ce jeu de réglettes dans le but de faire comprendre, facilement et avec précision, ce qu'ils ont en tête. A ce stade, contentons-nous de dire qu'elles sont utiles car elles permettent de rendre les significations directement perceptibles et donnent une chance à l'enseignant d'introduire le vocabulaire fonctionnel de n'importe quelle langue.

De fait, nous vivons tous dans le temps et dans l'espace ; nous agissons sur les gens et sur les choses ; et nous sommes engagés, en nous-mêmes, de multiples manières : nous avons des intentions, des doutes ; nous sommes sensibles aux similitudes, aux probabilités ; nous faisons des pronostics, des erreurs ; nous nous engageons dans certaines activités, y restons engagés, puis les quittons, etc. Tout cela constitue les cadres de référence pour notre vie quotidienne, les réceptacles pour la plupart des comportements. Nous appellerons *vocabulaire fonctionnel* cet ensemble de mots nécessaires pour parler de n'importe lequel de nos comportements ou de nos engagements dans le quotidien. Nous appellerons *vocabulaire anecdoctique*, ou *situationnel,* celui qui fournit les étiquettes nécessaires pour décrire des engagements spécifiques, pas forcément récurrents. Les situations sont aussi courantes et variées que les cadres de référence (points de repère) mais ce qui les différencie, ce sont les ensembles de mots nécessaires à les décrire. Ces deux catégories de vocabulaire sont à acquérir si l'on veut pouvoir parler en L2 comme si c'était L1. Mais, pour les enseignants, elles peuvent se distinguer l'une de l'autre, chacune contribuant de manière spécifique à amener les élèves – dès que possible – à penser spontanément et librement en L2. En outre, on voit que la maîtrise du vocabulaire de situations exige peut-être le paiement de milliers d'ogdens tandis que l'acquisition du vocabulaire fonctionnel peut n'en demander que quelques centaines seulement, qui sont utilisés dans *toutes* les situations. C'est donc un critère d'économie dans l'apprentissage qui nous pousse à nous concentrer sur le vocabulaire couvrant l'ensemble des structures qui sous-tendent toutes les langues.

En réunissant des notions aussi différentes que économie, fonctionnalité, compétence, cadres de référence, structures, etc., nous prenons conscience qu'il existe une réalité que nous appelons « la langue __________ » (où l'espace ________ doit être rempli avec un mot comme anglaise, française, japonaise, etc.) et qu'il est important que les élèves fassent eux-mêmes cette prise de conscience de L2 dès les premières leçons, pour qu'ils aient bien le sentiment d'avoir été mis au contact de « l'esprit » de cette langue.

La plupart du temps, ce contact avec l'esprit d'une langue a été laissé au hasard, et on pense volontiers qu'il n'est accessible que longtemps après le début d'un apprentissage de L2 dans sa forme parlée. Mais si nous essayons de faire délibérément percevoir cet esprit de la langue dès que les élèves sont mis en présence de L2, nous constatons que le climat dans la salle de classe est radicalement différent et que les élèves s'intéressent vivement à comprendre comment des gens parviennent à appréhender leur monde – intérieur aussi bien qu'extérieur – à travers les prémisses contenues dans L2, si différentes de celles contenues dans leur propre L1. Les langues diffèrent dans leurs grammaires parce qu'elles diffèrent dans leur esprit. Pendant très longtemps, c'étaient les grammaires qu'on présentait en premier mais il n'y avait qu'une minorité d'étudiants qui parvenait à les assimiler, laissant tous les autres confondus et désespérant de jamais parvenir à parler en une L2. Mais aujourd'hui, en ouvrant l'accès à L2 en donnant priorité au vocabulaire fonctionnel, qui permet précisément à tout un chacun de fonctionner en L2 de plus en plus librement, nous donnons la preuve qu'un changement de la conscience que nous avons de la réalité est nécessaire pour devenir semblables à des natifs de la langue et pour savoir utiliser une L2 comme une L1.

Une fois qu'il est admis que les langues ont un esprit – et que ces esprits ne sont pas des entités métaphysiques mais une succession de prises de conscience faisant voir comment et pourquoi le fonctionnement des langues est ce qu'il est – l'apprentissage requis au début est celui qui nous fera entrer en contact avec la réalité de ces différents esprits. Chaque langue sera donc un défi différent pour celui qui l'enseigne et les premières leçons seront d'une importance primordiale.

Pour concrétiser, pour objectiver le *vocabulaire fonctionnel*, et à travers celui-ci *l'esprit d'une langue*, – qui est lié à l'histoire du groupe dont nous étudions la langue – nous présentons, sur des tableaux muraux, des mots mis en couleur de telle façon que leur prononciation devient accessible. Quelques centaines de mots (deux ou trois cents), dont certains peuvent être reliés les uns aux autres (avec l'aide d'un pointeur), nous permettent de produire des phrases dont le sens est rendu perceptible, et immédiatement compréhensible, à travers des situations sans ambiguïté construites avec des réglettes.

Du fait que les mots (en couleur) sont en permanence affichés sur les murs de la classe, les élèves peuvent s'y référer à tout moment, sans plus avoir à dire qu'ils les ont oubliés. Et puisqu'une couleur est déjà associée à un son et le déclenche, aucun ogden supplémentaire ne sera à payer pour savoir comment se prononcent les mots affichés. Du fait que le langage est récurrent, les mots fonctionnels seront utilisés très souvent et, grâce à cette pratique, personne ne remarquera comment les ogdens nécessaires à leur acquisition se paient. La rétention se produit alors, sans qu'il ait été fait appel à la mémorisation (qui elle sera nécessaire dans le cas du vocabulaire de situations).

L'apport de l'enseignant, celui qui a capté l'esprit de L2, sera dans l'établissement de ces tableaux. Les éléments choisis permettront les transformations requises telles que les ont voulues les créateurs de cette langue (dans un passé très ancien) pour exprimer leur perception de la dynamique de l'univers aussi bien que celle de leur univers intérieur.

En ceci, les tableaux pour toute langue se ressemblent et les observateurs ne verront pas l'esprit d'une langue tant qu'ils ne s'y seront pas eux-mêmes rendus sensibles ni n'auront compris comment un vocabulaire aussi restreint peut néanmoins engendrer tant de langage. Pour l'anglais par exemple, le premier tableau est composé de 42 mots. Néanmoins, il est possible de travailler pendant de nombreuses heures avec ces quelques mots et d'obtenir ainsi un rendement énorme en termes de langage. Les anglophones eux-mêmes font là une découverte qu'ils trouvent stimulante et riche, malgré le fait que ces mots, à première vue, n'ont rien d'extraordinaire et sont même très quelconques. De tels témoignages nous montrent que nous sommes bien en contact avec l'esprit de l'anglais.

Il n'y a pas lieu, dans ce chapitre, de s'étendre sur ce que peut être l'esprit de telle ou telle langue ; ce serait trop long. Mais dans les limites disponibles, nous pouvons décrire comment nous nous y prenons pour développer une suite de leçons qui donnent au fur et à mesure une grande assurance dans la langue que la classe est engagée à apprendre ; les exercices compris dans ces leçons tiennent aussi compte de l'esprit de la langue.

Les peuples dont nous étudions les langues aujourd'hui ont fait, autrefois, un certain nombre de choix. Ils font (ou ne font pas) usage des déclinaisons (de trois jusqu'à sept). Ils utilisent, ou n'utilisent pas, les articles et disposent d'un, deux ou trois genres pour leurs substantifs. Ils utilisent, ou n'utilisent pas, les tons. Ils acceptent que certaines catégories soient invariables ou alors ils les font toutes variables. Ils enchaînent les mots les uns aux autres, ou bien les gardent séparés, ou parfois font l'un et l'autre. Dans les conjugaisons, ils utilisent parfois des pronoms personnels, parfois s'en dispensent. Ils utilisent un pronom spécifique pour chaque personne ou les regroupent. Ils se donnent, ou ne se donnent pas, des verbes tels que « avoir » et/ou « être ». Ils utilisent, ou n'utilisent pas, des verbes auxiliaires. Ils placent les verbes à la fin ou n'importe où dans la phrase. Ils disposent de temps et de modes, parfois un certain nombre ou seulement très peu. Ils marquent spécialement les pluriels ou ne les marquent pas. Ils observent une distinction entre continu et discontinu ou ignorent cette distinction. Ils expriment les variations dans le temps ou dans l'espace avec des particules spéciales, ou alors ne disposent que de prépositions et de conjonctions. Dans certaines langues, des indicateurs doivent être associés aux numéraux pour préciser l'expression de la quantité, dans d'autres langues, ce n'est pas nécessaire. Ils ont recours à des techniques spéciales d'économie pour augmenter le vocabulaire, techniques qui sont souvent de nature mathématique, faciles à mettre en forme. Ou alors, au contraire, ils se donnent plusieurs manières de traiter d'une matière alors que d'autres n'en utilisent qu'une. Etc., etc.

Toutes ces modalités particulières peuvent être combinées entre elles, produisant ainsi des variétés de choix encore plus grandes qui caractérisent les très nombreuses langues existantes. Plus l'étudiant sera rapidement amené à se familiariser avec les choix caractéristiques de la L2 qu'il étudie, moins il risquera de retomber dans le comportement caractéristique de sa L1 ; il évitera ainsi les interférences de L1 sur L2, un phénomène souvent mentionné dans les manuels.

Les exercices portant sur les idiosyncrasies de la L2 en question sont ceux sur lesquels nous nous concentrons dès le début, et pendant un certain temps.

En renonçant à utiliser la traduction, nous mettons l'accent sur :

- la possibilité de séparer l'apprentissage de L2 de l'emploi de L1,
- la possibilité d'appréhender, de manière directe, la transmutation de situations linguistiques en des expressions verbales qui traduisent des perceptions.

Du fait que les langues traitent de classes et de concepts, rendus par des mots, elles font appel avant tout à notre intellect. Ceux qui possèdent L2 (en tant que leur L1) se connaissent comme opérant au niveau intellectuel mais, en même temps, ils ont accès à leurs sentiments, leurs émotions, leurs perceptions et ils sentent bien leur impact sur la manière dont ils choisissent leurs mots pour décrire des états et des comportements tels que la solidarité, l'exclusion, la déférence, la politesse, etc. Ainsi les langues vont-elles montrer des différences dans l'expression de ces domaines : rencontrer l'esprit d'une langue, c'est donc aussi prendre conscience de l'existence de ces différences, et de leur importance. Les enseignants peuvent, *si cela leur facilite la tâche,* décider d'organiser les premiers contacts avec L2 en ne présentant qu'une par une les exigences de la langue sur le plan social. Mais ils doivent aussi, dès que possible, introduire des situations qui vont faciliter la perception des contrastes qui peuvent exister au niveau relationnel dans un groupe (utilisant L2 comme sa L1) car sinon, des complications d'ordre social peuvent surgir. De la même manière que les langues reflètent la « Weltanschauung » des groupes (que nous appelons leur esprit), de même elles reflètent les stratifications sociales caractéristiques de l'époque. Apprendre L2, c'est aussi acquérir une certaine compréhension de la manière dont les gens établissent des relations entre eux, à travers leur emploi des mots. Ces distinctions doivent être perçues assez tôt dans l'apprentissage, sinon au tout début.

***

Puisque les bébés sont capables d'apprendre leur L1 partout sur cette planète, ils doivent avoir des critères qui leur sont accessibles pour n'importe quelle langue. L'enseignement de toute L2 peut être facilité si les enseignants apprennent à penser en termes de critères et comprennent que leur travail consiste à transmettre ces critères à leurs étudiants.

Il y aura, à l'intérieur du large critère de justesse et de celui d'adéquation, de nombreux autres critères spécifiques à mettre en valeur séparément lors des leçons à suivre. La justesse servira de cadre de référence pour ceux de ces nouveaux critères qui permettent de comprendre, avec plus de précision, comment les gens s'y prennent lorsqu'ils se parlent les uns aux autres (ou lorsqu'ils s'écrivent) pour transmettre des significations précises – c'est-à-dire ce qu'ils ont en tête et ce qui les incite à s'exprimer.

Les apprentis auront un ogden à payer chaque fois qu'ils voudront adopter un mot porteur d'au moins une signification perceptible, lorsqu'il est utilisé par les autres. Mais ils découvriront rapidement que le coût en ogdens est réduit grâce aux transformations qu'ils observent (celles que les créateurs de la langue ont jugé utile de retenir), qui dépendent davantage de l'intelligence qu'on peut en avoir que de la mémoire.

Le travail de l'intelligence ne se compte pas en termes d'ogdens.

Une fois que nous avons remarqué un phénomène (une transformation, par ex.) qui se produit avec régularité et que nous avons pu tester sa présence dans plusieurs exemples, nous l'adoptons tout simplement pour qu'il remplisse le but pour lequel il a été inventé : réduire le fardeau qui pèse sur la mémoire. Les grammaires présentent ces transformations comme des règles et proposent aux étudiants de les apprendre en payant autant d'ogdens. Mais les bébés – qui ne reçoivent aucun enseignement – établissent un tout autre type de relation. Ils observent tout d'abord quelle partie est fixe, quelle est celle qui change ; ils se demandent alors ce qui fait que cette transformation doit être retenue pour satisfaire au critère de justesse. Puis c'est la sensibilité développée par l'apprenti à ce type de situations qui lui dicte quelles modifications doivent être apportées à la partie fixe (la racine), pour laquelle des ogdens doivent être payés (ou ont déjà été payés). Une sensibilité de ce type, c'est ce qu'on appelle un *critère intérieur*.

Pour marquer le pluriel, faut-il effectuer un changement ou non ? Ou faut-il une prise de conscience particulière pour voir que la règle s'applique, ou alors soit perçue comme n'ayant pas d'impact sur tel ou tel mot ? L'apprenti peut dès lors adopter cette règle, ou cet ensemble de règles, en connaissance de cause.

Un professeur de langues qui travaille avec des sourds (qui ne disposent donc d'aucun critère auditif de justesse) doit percevoir les connexions indiquées plus haut et inventer des moyens pour forcer la prise de conscience qui fera voir à ses étudiants que des changements sont nécessaires dans la L1 de leur environnement qui, pour eux, est une L2 non-parlée, non-audible.

La grammaire est, bien sûr, implicite dans la langue parlée et sera rendue explicite grâce à des exercices spécialement choisis qui, tout d'abord, forcent les prises de conscience puis fournissent la pratique nécessaire. Ces modifications s'intègrent ensuite à ce qui est accepté comme juste, et subséquemment comme correct, une fois qu'elles sont identifiées séparément et reconnues comme des exigences particulières dans des circonstances spécifiques.

En russe, un simple regard porté sur un substantif suffit à indiquer s'il est masculin, féminin ou neutre, tandis que dans les langues romanes, les articles doivent être appris en même temps que le nom, car très souvent il n'y a aucun critère autre que le choix déjà fait d'un genre donné (« le soleil » est masculin en français, en italien et en espagnol, mais féminin en allemand ; pour « la lune », c'est le contraire).

Les articles définis et indéfinis, s'ils existent, peuvent être associés à des critères qui reflètent les différents usages qu'on en fait. Pour être instaurés chez les étudiants, de tels critères doivent être liés à des perceptions concrètes. Par exemple : savoir quand, en anglais, on utilise *a* ou *the* peut être lié à un attribut perceptible de pluralité, mais le passage de *a* à *an* ou de *the* à *thee* comme alternatives est dicté par le fait que le nom commence par une voyelle ou pas – une perception sans doute très différente. En anglais, il n'est pas toujours facile de décider s'il faut utiliser l'article défini ou s'en dispenser, bien que dans de nombreux cas il y ait des attributs perceptibles pour guider la décision.

Lorsque l'on constate de tels dilemmes, on comprend bien que toute règle de grammaire se base sur des critères. Et lorsqu'on travaille avec des sourds, ceci devient encore plus évident. Ce qui est sûr, c'est que dès lors que nous transmettons à nos élèves des critères, ils progressent plus rapidement et avec plus d'assurance que si nous leur demandons d'apprendre par cœur des règles de grammaire, même si elles sont illustrées par des exemples. Un bon enseignant est celui qui a trouvé des exercices qui forcent la prise de conscience et génèrent ainsi des critères, et qui s'assure que ceux-ci sont appliqués avec constance : ceci représente la pratique qui permettra aux élèves d'assimiler les nouveaux critères, qui dès lors sont un facteur de justesse.

La conjugaison peut fournir un tel ensemble de critères, soit en rapport avec les modifications nécessaires lorsque le sujet change (singulier ou pluriel) mais aussi lorsque les temps et/ou les modes changent. Il n'est pas réellement nécessaire de mémoriser des paradigmes. Les exercices qui permettent de mettre l'accent sur *qui* énonce le mot appelé un verbe, ou *à qui* il s'applique et à quel temps ou à quel mode on se réfère, suffiront à fournir les critères nécessaires, exactement de la même manière que celle avec laquelle les bébés acquièrent leur capacité à opérer de telles modifications dans leur L1. Les modes reflètent des prises de conscience liées à des climats intérieurs. Les temps jouent le même rôle par rapport aux événements qu'il s'agit de placer avec précision dans l'ordre où ils se succèdent dans le temps. C'est ainsi que la présentation de situations linguistiques – avec ou sans l'aide des réglettes – qui expriment la certitude, le doute, des ordres ou des conditions, permettra de couvrir les modes ordinaires comme l'indicatif, le subjonctif, l'impératif ou le conditionnel, tels qu'ils sont perçus dans les relations entre les acteurs concernés, dans les situations et dans les langues qui en ont retenu l'usage. Quant aux temps, les verbes d'action forcent la prise de conscience du présent, du passé et du futur, ce dernier relatif à l'intention d'agir ; le premier, dans sa forme continue, liant parole et action et celui du milieu décrivant une action déjà accomplie. Dans tout cela, pas de mémorisation nécessaire et il n'y a que très peu d'ogdens à payer pour maîtriser les transformations que cela comporte, tout au moins en ce qui concerne les verbes réguliers. Les verbes irréguliers, quant à eux, sont traités à l'aide du critère de justesse, puisqu'il n'est pas toujours possible de prévoir les modifications que les natifs de la langue ont adoptées.

En cas d'ambiguïté (présente dans de nombreuses langues), les étudiants, tout comme les bébés, suspendront leur jugement jusqu'à ce que des indicateurs clairs leur permettent de prendre une décision et de laisser une signification se mettre en place, étant eux-mêmes suffisamment sûrs d'avoir choisi les bons mots. Si les étudiants comprennent ce processus, ils éviteront la frustration généralement liée au fait d'être confrontés à des modes de pensée différents de celui que leur L1 a mis en forme pour eux. En créant des situations qui montrent le bénéfice que l'on tire à travailler, à être patient jusqu'à ce qu'on ait acquis les critères nécessaires plutôt qu'en se référant aux contrastes existant avec la L1 des étudiants, les enseignants transmettront une forme d'intuition qui suggère ce qu'il faut faire, en même temps qu'ils aideront leurs étudiants à trouver le temps de se concentrer sur l'approche que L2 fournit pour de telles situations. Il y a généralement des indicateurs à trouver, présents dans les phrases construites à cet effet (et choisies avec soin pour en donner des indices) ; les étudiants doivent apprendre à les repérer, tout comme font les bébés, et à en faire des critères. Si des ambiguïtés subsistent dans certains cas, il faut un peu plus de patience pour trouver, un peu plus tard, un indicateur supplémentaire qui règle la situation ayant suscité le doute. *Le contexte* est le nom que l'on donne à cette quête d'un critère manquant.

Toutes les langues requièrent l'usage du contexte puisque les gens parlent chacun à leur manière quand leurs pensées prennent forme dans l'instant, avec des raisons et des intentions liées à des expériences concomitantes, insoupçonnées des autres personnes autour d'eux. Les langues, par définition, sont là pour être utilisées par beaucoup de gens dont les paroles, les conversations se font de manière spontanée, et généralement *ad hoc*.

Tout parleur travaille à la manière dont il s'exprime et découvre qu'il peut être nécessaire d'effectuer certaines modifications afin de s'ajuster aux circonstances et de parvenir à communiquer. Il y a, bien sûr, de nombreux cas sans ambiguïté et ceux-ci ne demandent que très peu d'ajustement pour passer de l'expression à la communication. Mais il y a aussi beaucoup de situations qui requièrent de la discipline afin de parvenir à une expression sans ambiguïté.

Toutes deux (expression et communication) font partie de l'utilisation que l'on fait du langage dans les relations sociales et toutes deux doivent être étudiées avec soin. Prenons un exemple ; « prenez deux réglettes » est sans ambiguïté, de même que « prenez deux réglettes rouges » ; la première expression comporte un accord selon lequel, dès maintenant et dans cette situation, la couleur des réglettes n'importe pas, tandis que la seconde contient une caractéristique spécifique qui reste en réserve si elle n'est pas utilisée. En suscitant des contradictions, il est possible de créer un contexte qui force une prise de conscience, ressentie comme nécessaire. Exemple : « prenez deux réglettes et donnez-moi la rouge » peut amener la confusion si aucune réglette rouge n'a été choisie ; tandis que « prenez deux réglettes rouges et donnez-m'en une » élimine l'ambiguïté.

Ce qui va beaucoup aider les étudiants à maîtriser L2, c'est de leur faire prendre conscience du fait que l'expression est de leur responsabilité et doit être élaborée avec soin si l'on veut favoriser la communication. Les enseignants qui tiennent compte de cette hiérarchie prouveront à leurs étudiants qu'ils savent sur quels points travailler pour faire d'une langue (ici L2) un moyen de communication. Le fait que la communication est à double sens et que chacun doive s'occuper de sa partie (espérant que l'interlocuteur en fera de même) mettra l'esprit en éveil, un état bien nécessaire quand le support utilisé sont les mots, eux-mêmes référant à des classes qui sont, jusqu'à un certain point, indéterminées. Un contexte perceptible contribue à diminuer le rôle parfois crucial des mots ; mais puisque le but est d'utiliser le langage seul et pour lui-même, les situations linguistiques créées à l'aide des réglettes serviront à exemplifier à la fois mots et significations. Par la suite les mots, seuls, produiront le sens au virtuel.

* * *

Dans tout ce qui est dit plus haut, rien n'indique quel choix de situations ni quelles techniques à utiliser en classe garantiront que l'apprentissage ait bien lieu au cours de chaque leçon, pour autant que les étudiants arrivent en étant déjà motivés et désireux de *transformer leur temps en expérience linguistique,* ou alors qu'on puisse les motiver dans ce sens. De l'expérience acquise en voyant un si grand nombre de très jeunes enfants apprendre avec succès leur L1, on sait qu'il est possible de faire le nécessaire pour que les enseignants, eux aussi, « fassent juste » à tout moment.

Une des choses à faire est de s'assurer, dès le début, qu'il y a dans la classe une *discipline de l'apprentissage* et que les étudiants l'utilisent de manière responsable. Cette discipline requiert *une présence* à soi-même, une présence du Moi dont chacun est capable, à titre d'engagement personnel et naturel, comme par exemple lorsqu'il traverse la rue dans un endroit à grande circulation. Cette présence, en elle-même, élimine la distraction. L'absence de distraction est un attribut de la discipline. Les apprentis peuvent atteindre en eux-mêmes les causes de la distraction, et le moyen de l'empêcher de réapparaître, afin de se concentrer sur la tâche en cours.

Lorsque, par exemple, nous utilisons un tableau son/couleur pour illustrer la phonétique de L2, certains élèves protestent du fait qu'on ne leur présente pas des lettres comme ils s'attendent à en voir dans la transcription écrite d'une langue. Même si on leur dit que toutes les langues commencent par être des langues parlées, qui ne sont encodées dans des formes écrites que plus tard, leurs pensées (ou plutôt leurs préjugés) les empêchent de se donner entièrement à la tâche présente. Toute personne qui veut bien bloquer et rendre inopérants ces préjugés n'aura pas de peine à se concentrer sur la tâche qui consiste à associer un son à une couleur, et vice-versa.

Les enseignants seront gagnants s'ils apprennent à obtenir de leurs étudiants ces disciplines dans l'apprentissage, qui permettent une concentration particulière et mènent aux prises de conscience et aux savoir-faire nécessaires. Ces acquis serviront de tremplin pour acquérir les autres aspects de L2 sur lesquels porte la leçon. Lorsque des ogdens doivent être payés, les enseignants doivent s'assurer qu'ils ont réellement été payés.

Lorsque les sensibilités sont mises en jeu, les enseignants doivent s'assurer que les étudiants sont réceptifs à des quantités d'énergie bien spécifiques. Il y a des suffixes et des préfixes qui, une fois qu'on a compris la manière de les utiliser, permettent aux étudiants de beaucoup augmenter leur capacité à transmuter leur expérience en mots de L2. Par exemple, l'introduction de -*ing* en anglais (qui ne demande qu'un ogden) change radicalement le registre dans lequel on peut s'exprimer. On peut faire voir alors comment l'effet qu'il exerce sur les radicaux des verbes ouvre la voie à une expression de continuité dans l'action ou dans l'état des choses ; à ce moment, les étudiants vont avoir le sentiment que leurs capacités explosent et qu'un saut « quantique » s'effectue dans leur apprentissage de cette L2.

S'ils veulent apprendre à « faire ce qu'il faut au bon moment », les enseignants doivent avoir compris qu'il n'y a, en fait, que peu d'explosions de ce type qui ouvrent une brèche et font apparaître de larges pans de L2. S'ils sont sensibles à ces phénomènes, alors leurs étudiants percevront aussi ces transformations vitales qui jalonnent leur parcours.

Il y a, bien sûr, d'autres avancées moins spectaculaires mais tout aussi nécessaires qu'il faut faire pour être capable de parler, en L2, des rapports (visibles ou invisibles) entre les différentes composantes du monde environnant. Un plus grand nombre d'ogdens va être nécessaire. Nous mesurons bien ici l'importance des prises de conscience associées à divers ogdens et on peut se demander s'il serait possible d'en prévoir le paiement à un autre moment, plus tard dans le cours. Quand nous voyons qu'un mot-clé va être constamment nécessaire, nous devons trouver le moyen de l'introduire assez tôt. Depuis des générations, les enseignants se heurtent au même défi : ils savent qu'ils vont avoir besoin d'un mot-clé mais ne savent pas comment le mettre en circulation, puisqu'il n'appartient qu'à L2 et n'est pas traduisible, sauf par une longue périphrase, dans la L1 des étudiants. Des exemples viennent immédiatement en tête chez les enseignants traditionnels qui trouvent que « ser » et « estar » en espagnol, « en » en français et d'autres petits éléments de ce type dans chaque langue, sont impossibles pour eux à présenter, alors que de simples situations avec les réglettes peuvent les rendre immédiatement accessibles. La seule chose requise, c'est d'être sensible aux critères qui vont déclencher à chaque fois le mot adéquat, comme c'est le cas pour les natifs de la langue.

En regroupant les mots de la langue fonctionnelle sur des tableaux (de mots en couleur), il devient possible de présenter aux enseignants un programme – un parmi de nombreux autres – en numérotant une série de tableaux et en les mettant au mur, l'un après l'autre, selon le curriculum choisi. Il est de la responsabilité de celui qui établit les tableaux de s'assurer que tous les mots fonctionnels sont présents, ou alors peuvent être formés à l'aide des éléments présents. Il est aussi de sa responsabilité de faciliter le travail des enseignants en sachant regrouper les mots de telle manière qu'on puisse, le plus rapidement possible, localiser les mots eux-mêmes ou les terminaisons nécessaires. Pour les différentes langues, il faut différentes manières de commencer ; mais toutes ont besoin de disposer d'un tableau pour démarrer, tableau qui présente suffisamment d'éléments et permette ainsi de dire beaucoup de choses (en utilisant la connexion qui se fait entre les

« étiquettes » et les situations directement perceptibles construites avec les réglettes).

Puisque les pronoms représentent non seulement des classes, comme tous les mots, mais aussi des classes de classes, on va y avoir recours plus fréquemment qu'aux noms. Alors, sur les tableaux 1 et 2, il n'y aura que peu de noms, mais *tous* les pronoms. On y trouvera aussi quelques verbes d'action, la plupart des interrogatifs, toutes les conjonctions, quelques adverbes et quelques prépositions. (Ceci permet l'accès à des centaines et des centaines de phrases courantes, utiles et complexes, qui exemplifient les structures également les plus utiles, les plus complexes de la langue, ainsi que les plus courantes).

Le vocabulaire qui décrit les relations d'espace et de temps vient ensuite, rendant possibles les références aux cadres spatio-temporels dans lesquels se déroulent toutes choses, désormais avec une certaine précision.

Les conjugaisons et la plupart des verbes les plus courants sont présentés afin que rien ne dépende de la mémoire, mais qu'ils puissent être pratiqués à l'aide de quelques ogdens, certains ayant déjà été payés lors de l'étude des pronoms personnels (sujet et objet), singulier et pluriel, ainsi que pour les différentes personnes (familier et formel).

En général, il suffira de 200 à 300 mots pour couvrir les exigences structurelles d'une langue ; ces mêmes mots permettent de former des milliers de phrases, y compris les plus importantes en termes de structures ; et ils offrent la liberté dans cette langue. Les étudiants auront alors à s'assurer que le vocabulaire fonctionnel est vraiment devenu partie intégrante d'eux-mêmes, comme c'est le cas dans leur propre L1, et qu'il est spontanément déclenché lorsque les circonstances le demandent.

Du fait qu'il est si restreint, le vocabulaire fonctionnel peut être maîtrisé en un nombre relativement faible d'heures de classe. Mais du fait qu'il donne accès à l'ensemble de la langue, il constitue, sans restriction aucune, le réceptacle permanent de toutes les phrases à venir, alors que le vocabulaire de situations doit s'acheter au prix d'un ogden pour chaque objet singulier, pour chaque activité.

Les ogdens existent en quantité illimitée. La rétention résulte du paiement des ogdens ainsi que de la pratique. L'homme est un système de rétention, il n'y a donc pas lieu de s'inquiéter spécialement à l'idée qu'il oublierait des milliers de mots rencontrés dans des situations courantes. Si les mots ne viennent pas facilement lorsqu'on en a besoin, c'est peut-être parce que le paiement des ogdens ne s'est pas fait comme requis, ou alors parce que le sujet discuté n'est pas très fréquent, il n'y a donc que peu d'occasions d'en réutiliser les mots. Même dans notre L1 nous connaissons des lacunes de ce genre.

***

Dans l'acquisition de L2, nous avons vu le rôle que jouent les précieux apprentissages faits dans l'acquisition de L1, rendant la tâche plus facile et conduisant aussi à l'élaboration de techniques et de matériel didactique qui rendront l'étude de la langue économique, effective, durable et, par-dessus tout, fonctionnelle et plaisante.

L'insistance avec laquelle nous recommandons que soit acquis en premier le vocabulaire dit fonctionnel, et après seulement les mots nécessaires à relater les très nombreuses situations de vie – qui constituent le monde des relations sociales dans une société cultivée – cette insistance montre bien quelles sont nos prémisses de base, on peut dire notre parti-pris. Aucun étudiant ne viendra à L2 qui ne possède déjà une L1. Ne serait-il donc pas absurde de ne pas s'assurer d'abord de « la langue ________ » représentée par le vocabulaire fonctionnel (et tout ce qu'on peut faire avec) comme le meilleur moyen d'entrer dans L2, et de considérer le reste du travail à faire simplement comme une expansion ?

Sur le plan collectif, nous sommes au bénéfice d'une longue expérience dans la présentation de situations en L2 et on peut certes considérer que ce défi est bien plus facile à relever que celui dont nous avons traité systématiquement tout au long de ce chapitre. En fait, nous n'allons pas consacrer beaucoup de pages à ce que nous avons appelé l'expansion ; il suffira de dire qu'un grand nombre de dessins et de livres existent dans de nombreuses langues, qui représentent même un choix si grand qu'il embarrasse tous ceux qui cherchent à sélectionner le matériel qu'ils vont utiliser.

Il y a encore, bien sûr, d'autres problèmes pour la science de l'éducation dans ce domaine aussi. Mais laissons-les à d'autres chercheurs.

Pour résumer ce chapitre consacré à la contribution que peut apporter la science de l'éducation à l'acquisition de n'importe quelle L2 ou de n'importe quel nombre de L2s, nous avons examiné tout d'abord comment nous savons traiter la plus étrangère de toutes les langues, à savoir L1. Là, notre approche à travers la prise de conscience de l'énergie et de la façon dont elle se répartit dans le temps nous a donné quelques vues fondamentales sur la manière dont les bébés apprennent à parler et pourquoi, au début, il n'y a pas de mots. L'acquisition de L1 a occupé plus de la moitié de ce chapitre, et ceci était justifié par le fait que nous avons pu ainsi restituer aux jeunes enfants tout ce qu'ils ont fait consciemment et délibérément pendant un certain nombre de mois après la naissance. Ceci, nous l'avons appelé « le pré-parler » (faute d'un meilleur mot), gardant « le parler » pour décrire l'apprentissage du langage objectivé dans l'environnement du « bébé pré-parlant ».

Et la chose importante à noter par rapport aux activités d'un bébé en train de s'engager consciemment dans le « pré-parler », c'est que ces activités ne présentent pour lui aucun mystère. Elles peuvent en outre être d'une utilité cruciale pour lui permettre d'établir un lien avec le langage conventionnel parlé dans son entourage. Ayant reconnu que les mots sont arbitraires et que la vérité se trouve dans la perception de l'énergie et des variations de cette même énergie, les bébés découvrent la constance comme repère de vérité. Les langues font preuve de constance, et les bébés découvrent les critères qui sont à la base des conventions observées par ceux qui utilisent des mots, et des groupes de mots, et qui opèrent des transformations de et sur les mots, critères qui leur permettent de se référer avec constance à des éléments qui sont concomitants et perceptibles.

Grâce à la manière dont ils fonctionnent mentalement, les jeunes enfants peuvent pénétrer l'univers volatile et complexe du langage utilisé dans leur environnement ; ils peuvent aussi avancer de manière systématique dès qu'un terrain de base assez sûr a été établi grâce au travail effectué, un travail clairement d'ordre intellectuel, puisqu'il traite des classes et de leurs relations.

Lorsque, dès l'âge tendre de deux ou trois ans, un jeune enfant est capable d'exprimer quantité d'expériences intérieures et qu'il constate, après l'avoir testée, que cette aptitude verbale repose sur des fondements solides, il peut alors considérer qu'elle est sienne, et oublier comment il a acquis sa L1. Ces capacités, il les utilise peut-être encore implicitement lorsqu'il apprend à lire, et aussi plus tard à écrire sa L1. Mais lorsque, ultérieurement, il entre en contact avec une L2 à travers une méthode d'enseignement qui lui est imposée, il se peut qu'il se trouve complètement aliéné *et sans contact avec l'apprenti compétent qui est en lui.* Le défi que représente l'enseignement est vu différemment par un scientifique dans le domaine de l'éducation. On peut décrire sa position avec la proposition suivante : *atteindre le bébé dans chacun des étudiants de* L2 afin que ses capacités d'expert en la matière, maintenant dormantes, puissent être utilisées pour acquérir L2 beaucoup plus facilement que ne l'a été L1. En effet, un apprenti qui a déjà fait tout le travail nécessaire – comprendre et acquérir les processus abstraits, arbitraires, conventionnels contenus dans L1 – n'aura plus qu'à appliquer cette compétence pour percer, pour pénétrer dans L2 ; et même si les voies peuvent être différentes, L2 s'attaque aux mêmes défis de la vie que L1.

Une telle source d'inspiration nous a permis d'offrir à ceux qui étudient une L2 des activités telles que : la conscience reste au centre du processus ; la sensibilité et l'intellect demeurent présents et attentifs. Ainsi, on reconnaît qu'il y a :

- un « réceptacle », une plate-forme de base constituée par « la langue L2 », et
- une multitude d'éléments, qui eux-mêmes se subdivisent et viennent former les mots requis pour exprimer les différents sujets qui font usage de ce réceptacle.

L'acquisition de L2 se déroulera donc en deux phases :

- maîtrise de « la langue L2 », parlée et écrite, et
- capacité acquise de s'exprimer couramment en L2 sur toutes les situations.

La science de l'éducation a déjà rendu possible la création de matériels et de techniques adéquats qui garantissent la phase une. Elle a aussi permis de développer un programme de formation pour enseignants, centré sur l'éducation de la conscience et le développement des sensibilités spécifiques, de façon que chacun sache, à tout moment, « agir juste » (only do the right things).

Ceci semblait le but le plus urgent, et aussi le plus difficile à atteindre. Il n'y a donc, à ce stade de la proposition, que peu de suggestions pratiques concernant la phase 2. Ce qui a été fait pour la phase une s'avèrera peut-être suffisant. Mais dans ce chapitre, nous n'y avons consacré que peu d'espace.

Chaque langue étant *sui generis* et requérant un traitement spécial, il faudrait un très grand nombre d'addenda ou d'annexes pour donner en détail le contenu des tableaux de mots qui permettent à l'enseignant et aux étudiants de couvrir les aspects spécifiques des différentes langues pour lesquelles, à ce jour, le travail nécessaire pour la phase une a déjà été fait.

La conscience que nous avons de *la subordination de l'enseignement à l'apprentissage* nous a conduit à présenter aux étudiants une vue panoramique des défis devant lesquels ils se trouvent :

- le tableau son/couleur donne une vue complète et globale de la langue parlée,

- le Fidel, une vue complète de tous les graphèmes-phonèmes de la langue écrite,

- les tableaux de mots, une vue complète du vocabulaire fonctionnel et davantage encore, qui fournit la vision globale de ce que nous appelons « la langue ________ », conduisant à toutes les structures possibles.

La phase deux n'a pas de frontières et il serait difficile d'en délimiter une vue complète. Il n'est d'ailleurs pas nécessaire de tenter une telle présentation hors ce qui est déjà disponible dans les bibliothèques, les plus exhaustives en la matière.

Dans certains autres de nos ouvrages, nous avons abordé quelques points qui n'ont pas été évoqués ici. En voici trois : la composition dans différentes langues, l'évaluation des progrès et l'utilisation d'autres media.

La composition commence avec la formation d'un certain nombre de phrases à l'aide des mots contenus dans les tableaux de mots. Elle passe ensuite par la reconnaissance que certaines de ces phrases peuvent être reliées et constituent ainsi une « histoire ». Plus tard, lorsqu'on regarde une image ou un dessin, on peut utiliser son imagination pour écrire une succession de phrases qui peuvent être lues comme un récit continu. Des projets d'écriture plus ambitieux pourront être envisagés comme une partie essentielle du travail à effectuer sur les situations.

En ce qui concerne l'évaluation, on peut développer une nouvelle idée : si les enseignants travaillent à favoriser les transferts (de ce qui est appris), ils seront mieux à même ensuite de déterminer, de mesurer ce qui a réellement été appris et pourront évaluer le progrès au-delà de la simple rétention du contenu de la leçon.

Lorsque nous considérons le rôle des media dans l'amélioration de l'enseignement et de l'apprentissage des langues, nous voyons que l'effet maximum pourrait être atteint par l'usage de la vidéo, qui montre, par l'image, comment l'apprentissage se produit réellement, de préférence aux leçons conduites par des enseignants.

Le rôle de l'ordinateur dans l'enseignement des langues est encore en train d'être examiné, mais aucune percée similaire n'est encore annoncée. Les très puissants instruments électroniques qui sont en cours de développement inspireront sans doute des changements radicaux dans ce domaine, changements qui nous permettront de bénéficier des attributs de ces machines qui déjà modifient notre mode de vie.

* * *

www.ingramcontent.com/pod-product-compliance
Lightning Source LLC
LaVergne TN
LVHW061224100826
845148LV00004B/857

* 9 7 8 0 8 7 8 2 5 5 0 0 9 *